유진오 시전집

신아 지역작가총서 · 17

유진오 시전집

인쇄 2018년 5월 2일
발행 2018년 5월 8일

엮은이 최명표
발행인 서정환
펴낸곳 신아출판사
주소 전라북도 전주시 완산구 공북 1길 16
전화 (063) 275-4000
팩스 (063) 274-3131
이메일 sina321@hanmail.net
출판등록 제465-1984-000004호
인쇄 · 제본 신아출판사

ISBN 979-11-5605-523-5 03800
값 15,000원

이 도서의 국립중앙도서관 출판예정도서목록(CIP)은 서지정보유통지원시스템 홈페이지(http://seoji.nl.go.kr)와 국가자료공동목록시스템(http://www.nl.go.kr/kolisnet)에서 이용하실 수 있습니다. (CIP제어번호: CIP2018013772)

Printed in KOREA

신아 지역작가총서 · 17

유진오 시전집

최명표 편

신아출판사

유진오 시인

중동학교 재학 시절의 유진오

유진오 부부

유진오 결혼 사진

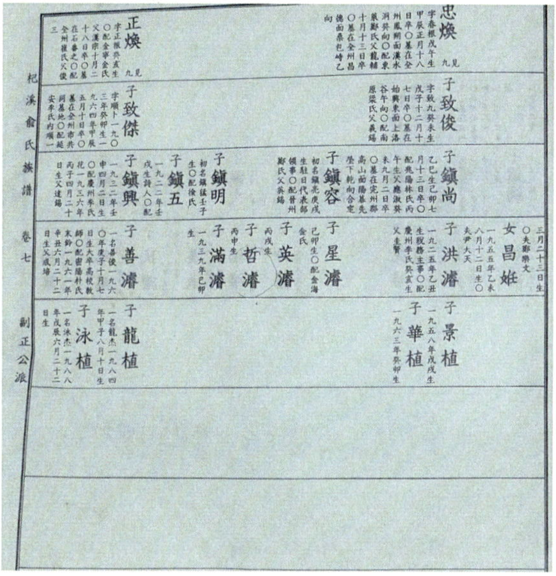

杞溪兪氏族譜 卷七 副正公派

忠煥 九見
字春根戊午生甲辰正月十八日卒○墓在全州鳳翔面漢水洞癸向○配東萊鄭氏父龍輔十月十三日卒○墓在全州昌德面桑包峙乙向

正煥 九見
字正根癸亥生○配金寧金氏父漢宗十月二十八日卒○墓在石峯之○配全州崔氏父俊三

子致俊
字致九癸未生戊子十二月十七日卒○墓在始興東面上洛谷午向○配南原梁氏父義錫

子致傑
字順卜一九○三年癸卯生一九六四年甲辰五月十日卒○墓在全州市共同墓地○配延安李氏內順一

子鎭尚
乙巳生己卯七月十三日卒○配兆陽林氏丙午生父應淑癸未九月二日卒○墓在完州郡高山面陽基先塋下乾向合窆

子鎭容
初名鎭亮庚戌生駐日代表部領事○配晉州鄭氏父英錫

子鎭明
初名鎭錫壬子生○配徐氏

子鎭五
一九二二年壬戌生詩人○配

子鎭興
一九三二年壬申四月二日生○配慶州李氏花一九三六年丙子四月二十日生父達錫

三月二十三日生○夫鄭樂文

女昌姙
一九五五年乙未八月十二日生○夫尹大天

子洪濬
一九二五年乙丑生稅務主事○配慶州李氏癸亥生父圭贊

子星濬
己卯生○配金海金氏

子英濬
丙戌生

子哲濬
丙申生

子滿濬
一九三九年己卯生

子善濬
一名善俊一九六○年庚子十月七日生大學高校敎師○配密陽朴氏末鈴一九六一年辛丑六月二十二日生父感埔

子景植
一九五八年戊戌生

子華植
一九六三年癸卯生

子龍植
一名龍杰一九八四年甲子八月十日生

子泳植
一名泳杰一九八八年戊辰六月二十二日生

유진오 족보

유진오 도장

유진오 시집 『窓』(정음사, 1948)

『전위시인집』(노농사, 1946)

『민중조선』 창간호(1945. 11)

『유진오 시전집』을 엮으며

문학이 감히 한 시인의 존엄한 생명을 요구할 수 있는가. 한국문학사에서는 자신의 삶보다는 정치적 신념을 선택하였다가, 문학사의 뒤켠으로 묻혀버린 이름들이 많다. 이른바 선시적인 요소가 시인의 생애를 결정해버리는 경우를 보면, 문학이 인간을 구속하는 사회적 제도의 하나라는 사실에 섬뜩한 느낌이 든다. 그것은 인간의 사상적 자유와 자유한 행동체계의 집적물이라고 할 수 있는 문학이 갖고 있는 본질적 미망일 수 있다. 또 주자학적 질서에 깊이 물든 한국인이 선택할 수 있는 고유한 사례일 수도 있다.

유진오(無軒 兪鎭五)는 해방기에 '육탄시인', '인민의 계관시인'으로 불렸다. 그는 한 집회에서 시를 낭독했다는 이유로 구속되었으나, 자신의 이념적 선택을 굽히지 않고 영어의 몸이 되었다. 한국전쟁이 일어나기 전에 조직의 지령에 의해 '산사람'이 되었던 그는 변변히 활동조차 하지 못하고 산화하였다. 그는 인간 해방을 앞세우는 조직의 대오에서 끝내 이탈하지 못하고, 자신의 빛나는 서정을 비극적 역사의 뒤안에 묻어야 했다. 그는 조국 해방의 감격적인 상황 속에서 민족문학운동전선의 진두에서 활약한 전위시인이었지만, 조국이 이념의 분단을 선택했을 때에는 이미 낙오한 조직원에 지나지 않았던 것이다. 이로 인해 그는 시문학사조차 누락되는 불명예를 감수해야 했다.

유진오의 시를 한데 묶은 이유는 자명하다. 그의 시세계에 대한 바른 이해와 평가가 이루어지지 않고서는 해방기의 시문학사를 제대로 기술할 수 없기 때문이다. 그는 문학의 정치성을 온몸으로 구현한 시인이자 빼어난 서정시인이었다. 그의 작품들은 대부분 서정적 경향이 주조를 이루고 있으며, 한국적 서정의 색조를 멋스럽게 보여주고 있다. 비록 지금까지 발굴된 작품량이 많지 않다고 하더라도, 그의 시적 진폭은 충분히 진지한 축에 든다. 더욱이 새로운 세기를 맞아 분단 상황이 해체될 기미가 보이는 마당에, 민족의 운명을 고뇌하였던 한 시인의 업적을 방기하는 것은 후학의 도리가 아닐 것이다. 그런데도 이데올로기 편향의 한국시사의 잣대는 그의 시를 저만치 세워놓고 금을 그어 가두었다. 시문학사 서술의 이면에 은닉된 위선적인 시각은 친일문학을 마다하지 않은 시인들에게는 한량없이 너그러우면서도, 자신의 이념에 기초하여 조국해방운동에 복무한 시인들에게는 유독 엄격하게 적용하고 있는 것이다.

애초에 시집의 이름으로『꽃과 자유와 정말로 자유로운 자유』라는 이름을 물색하고 나서, 그의 시적 특성과 정치적 신념을 단적으로 드러낼 만한 것이라고 여겨 흡족했다. 구천에서나마 그토록 염원했던 자유를 얻었으리라 생각하고, 더 이상 그가 역사의 줄 밖에 서지 않게 되기를 바라는 심정이 컸던 탓이다. 그러나 한편으로 평범하게 이름을 붙이면 그의 시가 지닌 서정성의 진면목을 찾는 이가 알아보기 쉬울까 하는 기대감이 들어 『유진오 시전집』으로 정했다. 전집이라는 이름에 값하려고 그의 전기적 생애를 복원하고자 백방으로 뛰었다. 그러나 가까스로 찾아낸 혈연조차 자세한 증언을 거부하는 통에, 구름처럼 흩어진 그의 비극적 육신처럼 혼백조차 수습할 수 없어서 안타깝다.

끝으로 이 시집이 널리 보급되어 유진오 시인에 대한 문학사적 평가가 '해방기 최고의 서정시인'으로 다시 이루어지기를 기대할 뿐이다. 생전에 그가 절절하게 염원했던 파란한 자유의 하늘 품으로 이 시집이 날아갈 수 있기를 바란다. 아울러 어려운 시기에 출판의 이문조차 따져보지 않고 잘 팔리지도 않을 시집을 내준 신아출판사의 식구들에게 진심으로 사의를 표백한다. 그들의 용단에 힘입어 문학사에서 누락된 시인은 흐뭇한 미소를 만면에 지을 것이고, 가난한 연구자는 지역 작가의 발굴을 향한 학문적 열정을 가다듬을 것이다.

2018년 5월

편자

차례

제2부 | 피릿소리

제3부 | 산문

부록

일러두기

- 이 시집은 유진오의 전작품을 묶은 것이다. 제1부에는 시집『窓』에 수록된 작품을 순서대로 싣고, 제2부에는 그 밖의 발표 작품을 실었으며, 제3부에는 산문과 시집『窓』에 수록된 조운의「序」를 실었다.
- 원문과 띄어쓰기는 발표 당시의 표기를 그대로 따랐다.
- 원문 중에서 판독이 불가능한 글자는 그 수효만큼 ㅁ으로 표기하거나, 행의 수를 밝혔다.

제1부

창

窓

I

어둠을 向하여
정기 없는 눈처럼
빠끔히 열린 窓

이그러진 담베락을 의지하고
조으는 듯 까부라질 듯
덤덤히 말이 없다

아지 못할 냄새를 풍기며
가슴을 조이게 하는

낡은 城 밑 군풀 욱어진 곳에
해와 바람은 등져도
비에는 명색도 없는 窓

城 넘어 해사한 지붕 아래
쏘는 듯 화끈하는
제마다 수실 달은

아름다운 窓들

城을 사이에 터를 갈라
窓들과 窓들은
어제도 오늘도 바라만 보고 있다.

Ⅱ

여름내 뿌려치는 비바람 속에
간간히 울음 소리마자 풀끼없는
어린것 소리에 시달려
한여름 가고

퍼어런 눈자위
고달푼 얼골이
한숨을 내품는 窓으로

城壁 돌 틈에
부스러지는 모래와 함께
삐라처럼 가랑잎이 날러들어가고
가랑잎처럼 삐라가 날러들어가고

얕은 하늘 고요한 밤에
솜눈이 송이송이
히멀건 窓을

녹일 듯 얼어 붙일 듯이 두다릴 무렵

窓 안에선
어둠을 타서 그림자인양
미끄러져 들어간 사나이
굵은 목소리 嶺南 사투리가
섞여 들리는

이날부터
종이 소리
무엇을 굴리는 소리
밤을 도와 그치지 않고

밤마다 저녁마다
힘차고 무거운 노래 소리
나즉히 들리기 시작한 후엔

窓은 어둠을 뚫고
멀리 험한 풍랑을 헤아리는
燈台처럼 자꾸 높아만 갔다

때로는 흐린 밤
구름 속에 빛나는
별인 양 떨렸고

혹시는 미움에 치떨려
핏발슨 눈처럼
城넘어 휘황한 窓들을
달려들 듯 쏘아보며

사나이와 사나이
에미나의 눈길이 마조칠 때
싸늘한 匕首의 흐름이
미운 놈의 가슴팍에
금을 그어 놓는다.

Ⅲ

엔징 소리 나면
헤트라읻 불길이
굶주린 이리처럼
굽은 城 윗길로 달려왔고

大門 소리 찌르릉
여닫는 소리와 함께
혀 꼬부라진 소리 들린 뒤

이내 柘榴를 터트린 듯
妓女의 웃음소리
취한 마음 흔들리는 노래 소리

연이어 나고

平安道 咸鏡道 사투리
비-루거품처럼
호화로이 떠돌고

비오는 날
눈오는 밤
철을 잊은 밤마다의
名節이 불을 밝히고

노랫가락이 잦으면
째즈가 풍척이자
치마 꼬리 휘감고
얼싸안은 사람들의
그림자 그림자

눈부시는 窓 넘어
무쇠 欄干 베란다
城 위 松林길에
어즈러이 맴돌아 간다

때론 會議가 있어
우와— 물결처럼 이는

歡呼와 拍手 소리
그리곤 술잔 부딪는 소리
장고소리 웃음소리

눈물도 한숨도 없고
눈 비 바람 모오두
헤아려 지나가는 無風地帶
울음 소리라곤
大門 안과 밖에 있는
귀를 찌르는 세파-트의 울음뿐
그러나 이것도 울음은 아니어

아름다운 窓
취한 듯 어른거리는 窓 넘어로
흘러나오는 平安道 사투리와
南韓을 放送하는 라디오 소리

窓앞 베란다 쇠난간 우엔
포기 포기 꽃나무
시들을 듯 조을고

窓마다 포도넝쿨마냥
쇠넝쿨이 서리어
바람도 비도 고양이도

도적도 피해버리는

이 窓으로 해
밤마다 마을 사람들의 잠은
늘 설어도
窓은 취한 듯 怒한 눈길로
城 아래 초라한
窓들을 굽어다본다

Ⅳ
낡은 城 넘어
무딘 年輪이 돌아간 숲길
여기 무서운 權力이
눈을 부릅뜬 窓과

城 밑 무시로
바스러져 내리는 모래와
千年 묵은 隸屬의 道德으로
이내 찍어 눌릴 듯한
무수한 窓들과 窓들은

城을 사이에 터를 갈라
말이 있을 수 없고
말 쓸데 없어

거기 반짝이는 불빛이
부디쳐 불꽃을 일으켜
하늘과 땅
낡은 城과 숲길이
파아랗게 타오를 날
이날을 바래
묵묵한 침묵이
어두운 밤과 밤을 밝힌다

미여진 문풍지 파닥이는
쇠넝쿨도 나무 토막도 가리지 않은
초라한 窓들은
이젠 아무 것도 잃을 것 없기에
미움과 함께
은연히 견디어 가고

세파–트와 쇠넝쿨과
서슬 푸른 權力이
겹겹이 웨워싼 窓들은
不安하기에
저녁마다 燭光을 돋군다

아아 그러나
도적과 不安을 막기 위하야

쇠줄 느린 窓들은

실상은
비와 바람에 떨며
쥐와 빈대로 더불어
설움에 찌들은
저 窓 안에서
얼마나 악착스리
알지게 빼앗어갔든 것인가

나의 사랑하는
불상한 동무들은
이러한 窓 안에서
굶주려 숨넘어갔다.

그러기에
도적이 두려워
어둠이 무서운 아름다운 窓들엔
權力과 함께
富裕한 도적이 살지 않느냐

부디처 파아랗게
타오를 날
이날이사 나즉한 목소리는

우렁찬 나팔처럼 울리고
하늘을 찌르는 불꽃은
우리의 旗ㅅ발
어둠을 뚫고
아름다운 窓들
그들이 사랑하는 窓들은
鐵窓이 되리라

아아 이것은 偶然이 아니다
强盜와 富者에겐
鐵窓을 주라

한없는 노래

어매여
한없는 노래여

나는 시방
『자식이란 애물』이라든
옛말을 생각하고 있다

세 치 앞이 안 보이는 어매는
왜 그리 자꾸 속을 태우는가
그러다가 영 그 눈을
못 쓰게 맹글지 않겠는가

골목길을 골라서
행여 뒤따를 놈 있을가봐
뺑 뺑 돌아서
아주 생판 딴 길을 갔다간
겨우 겨우 찾어서
남의 집 사랑방에 숨어 있는
『애물』을 찾아온 어매

『이 자식아
 네가 왜 그리 보고 싶으냐』

어매야
인젠 제발 나서지 마라
눈 어둡고 귀도 어두운 어매
돌아가는 길에
무엇에 칠가봐 정말 겁이 난다

요전에도
옷보퉁이를 들고
留置場 문 밖에 와
쭈그리고 앉았드구나

取調를 나가는 길에
내가 부르지 않었드라면
『애물』을 알어 보지도 못한
어매야
다음부턴 아예
警察署 門 앞에 얼씬도 마라

警察署로 監獄으로
어매야 무던히도 다녔구나
白髮이 성성한 어매야

꿈자리가 사납드라고
걱정 끝에 점치러 가고
오오 어매야
그게 무슨 짓이냐

그렇지만
어매여
나의 자랑 나의 노래여

망보러 나갔을 때의
어매는 千里眼이다
그리고
시골서 온 일가가
무어라고 무어라고
허튼 소리 지꺼렸을 때
어매는 훌륭히 解說을 했다

동네 여편네들이
주접을 떨 때
어매는 차근차근
타일르구 가르쳐서
모오두 동무가 된 것을
어매야 아무리 숨겨도
나는 알었다

어매야
나는 어깨가 그만 으쓱해지드라

나는 어매가 바라보는
눈초리가 괴롭다
말없이 깜박이며
어디까지나 따라오는
어매의 눈이 귀하기 때문에
몹시도 괴롭다

어매야
인젠 이 자식을 잊어버려라

그래도 어매는 못 잊을 게다
아무리 나오지 말래도
누데기 옷 입고 비척 비척
『애물』을 찾아 나올 게다

내가 안 된다고 들어가시라면
염려 말고 가라고 보내놓고는
내 사라지는 뒷모습을
넋 없이 바라보다간
눈도 귀도 아조 영 못쓰게
상해 버릴 게다

그렇지만 어매야
나는 간다
그러기에 어매야
나를 잊고 쉬어다오

어매여
한없는 나의 노래여

이대루 가자

죽엄인들 대수로우냐
이대루 가자
괴로움이면 차라리
뼈를 앗으라

사나운 바람 속에
눈물 어려 살아왔다
가야만 할 길이다
꽃잎처럼 떨어지자

하나 둘
헤일 수 없이
짓밟혀 간다
아까운 목숨들이
악착스리 짓밟힌다

사나운 발굽 밑에
꽃잎이 있다
번쩍이는 총칼 밑에

목숨이 있다

꽃같은 목숨이
땅 우에 떨어졌다
떨어진다

허수히 죽는 게 아니다
그냥 스러지는
꽃 같은 목숨이 아니다

땅 속에 흙 속에
다시 피리라
죽어도 떨어져도
꽃은 피고
꽃은 남는다

죽엄인들 대수로우냐
이대루 가자
괴로움이면 차라리
뼈를 앗으라

버섯

붉은 담 넘어
드문드문 시드는
소나무 숲 사이로
누우런 草家 지붕이
버섯처럼 보이는 구나

가치운 몸이다

아아
마음에 파고드는 미움
차라리
살이 되고 뼈가 되라

알알이 구석구석을 채워
미움의 化身이 되어
빨간 독버섯이 되거라

들菊花

너는
내가 또 붙들려 가면
어떻거느냐고 했다
그것은 할 수 없는 일이다
그러나
붙들리지 않는 것만은 못하다
나는 이렇게 대답을 했다

그것은 네가
들菊花를 한아름 안고 온 날이다

누가 꺾을가 봐서
정신없이 꺾었노라고
신발을 이슬에 적시고
향기에 취해서 안어다 놓고는

안방 건너방 마루
방이란 방에는 다 꽂아놓고
심지어는 싸이다병에다 꽂아서

툇마루 부엌에까지 놓고
그 사이를 좋아서
왔다 갔다 한다구

나는 욕심쟁이라 했다
네가 꽃을 좋아하듯이
나를 좋아할가 겁이 난다구
독차지하려 들지 않을가

네가 꽃과 나를 좋아하듯이
나는 너와 또 무수한 너와
꽃과 自由와
정말로 自由로운 自由
꽃보다도 귀한 목숨들
내 일과 내 젊음을 사랑한다

꽃과 너와 自由와
일과 너와 젊음……

꽃은 향기롭다
그러나 꽃은 시드는 것이다
일은 좋은 것이다
그러나 부즈런해야 한다

너는 알었다 했다
그렇지만 정말로 알기까지엔
우리는 괴로움을 먼저 알어야 한다

들菊花
하아얀 어여쁜 송이엔
이슬이 맺혔드라

네 눈에도 그렇게
몇번이고 이슬이 맺혀야 할 것이다
하아얀 들菊花송이처럼

順이

그리움이여—
千里길을 내달었도다

얼골도 말소리도 모르는
이따금 날러드는 平凡한 葉書조각에
흘리운 듯 팔리운 듯 그리웠든 이

꿈결같은 이야기……
지난날 허고 많은 주림과 슬픔
목마른 바램의 끝없는 새암 줄기

이제는 새 새악시 얌전한 안악
도란도란 이야기는 웃음에 차서……

머얼리 바라만 보듯 듣기만 하고
눈섭 하나 까딱이지 못한 채
사뿐히 놓여지지 안는 발길은
千里길을 되가야 하나니

배운 건 한 가지나
잃은 건 열 가지나 되는 듯
절름거리는 마음 무척 서글퍼

안타까움이여……
千里길은 아득하도다

무엇을 가르쳐야 옳으냐

어두운 밤하늘에
불인 듯 짓터오르는
그리움이여!

입마춤조차
서툴고 수집은 너야
나는 너에게
헛되인 文明을 가르쳐야 하느냐

네 迷明의 그윽한 그늘 속
아무의 손도 그림자도
닿지 않은 곳
내 슬픈 듯 간지러운 마음으로
조심스리 헤매이자

나는 네 눈을 찾을진 없다
나의 떨리는 視線이 너를
찾어 헤매일 때
푸르르 날러가버릴 小心한 새인 양

얼골 붉히고
고개를 숙이는 너

너는 바람결에 흘러오는
비오롱처럼 안타까웁다

떨리는 입술
옷고름이나 손수건이나
치마자락 같은 것을 무시로 더듬는 손

불시에 아무거나
눈가로 가져가는
네 손
네 얼골
『그럴 때면 의례히 능금처럼 붉드라』

나는 너에게
무엇을 가르쳐야 옳으냐

때로 그리움에 사모쳐
못 견디게 괴로울 양이면
그만 영 너를 잊어버리고 싶어진다

너는 사늘한 가을 밤 하늘에
조각달인양 눈물겨웁다

눈이 멀도록

불빛조차 없는 房
그리움이 한결 짙어간다

보채며 설레이며 잠들어 누운 자리
쪽지 한 장 써놓고
살랏이 다녀간 이

아픈 숨결이
상한 벌레처럼
왼 몸에 꿈틀거리면
맥없는 팔길을 가슴에 얹고
몸을 틀어 돌아눕는다

눈이 멀도록 기두리마
눈이 멀도록 기두린다

비오는 날

못자리를 내어놓고
비를 기다리는 농민처럼
깨끗이 방을 치어놓고
행여 날 찾어주는 이 없는가

처마 끝에 빗방울이 들으면
바시시 문을 열고
하늘을 쳐다보며
이만하면 논물은 充分할텐데

비에 막혀 못 오는 사람이
자꾸만 그리워지면
그만 하늘을 주먹으로
쥐어질르고 싶어진다

— 아냐 비는 더 와야 해
　농민은 비를 기다리거든 —
이런 생각이 들기 시작하면

호졸곤히 비를 맞으며
부지런히 돌아다니는
동무들이 민망해지면서도

일어날 기력도 없이
호올로 누워있는 이 방을
환하게 채워주는 그런 사람이
한없이 그리워진다

불길

그리운 사람이 있음으로 해
더 한층 쓸쓸해지는 가을밤인가보다

내사 퍽으나 무뚝뚝한 사나이
그러나 마음 속 숨은 불길이
사뭇 치밀려오면
하늘도 땅도 불꽃에 쌓인다

아마 이 불길이 너를 태우리라
이 불길로 해
나는 쓸쓸하고
안타까운 밤은 숨막힐 듯 기인가보다

불길이 스러진 뒤엔
재만 남을 뿐이라고
유식한 사람들은 말하드라만

더러운 돼지구융같이 더러운 것
징글맞게 얄미운 것들을

모조리 집어생키는 불길!
이것은 승리가 아니고 무엇이냐

나는 일찍이 이렇게
신명나는 그리고 아름다운
불길을 사랑한다

낡은 道德이나
점잖은 理性은 가르친다
그것은 너무나 두렵고
危險하지 않느냐고

어리석은 사람아
싸늘한 理性 뒤에 숨은
네 거즛과 비겁을
허물치 말가보냐

네가 생각지도 못한
꿈조차 꿀 수 없든 그런 것이
젊은이 가슴에 손에 담겨서
그득히 앞으로만 향해 간다

외곬으로 타는 마음이 있어
괴로운 밤

나의 사랑 나의 자랑아
나는 불길에 쌓여버린다

소

기울어진 담장 밑
재 쓰레기 쌓인 터전에

닭소리 드레박 소리 들려오는데
무념히 앉어 念佛을
읊조리는 중마냥

눈 비스듬히 반만 감은채
무릎 꿇고 방울을 흔들며
잠착히 되씹는 소

소는 농민의 마음
농민의 한숨과 함께
소는 늙어왔다

방울은 슬픈 搖鈴이 되어
팔려가는 날
농민은 눈물도 없이 흐느끼는데

땅을 向하여 굽은 뿔이 하늘을 치받고
피 흘러 뜻 아닌 배를 불려야 하는 소

소는 농민의 마음
농민의 한숨과 함께
소는 팔려갔다

밤

어머니는 自己보다 더 많이
아들을 위하여
婚談을 끄내시면
아들은 어머니를 위하여
웃음의 소리로 婚談을 끄내고

이러다간 聖人들의 말씀
孝子 烈女 이야기를
하시든 어머니는
아들이 속삭이는 異端의 말에
차츰 차츰 끌려들어

눈을 깜박이며 들으시다가
憤慨한 語調로
아들을 激勵하시다간

팔다리가 아푸고
뼛골이 쑤시면
불연듯 婚談을

끄내시는 어머니에게
아들은 너털웃음으로 對答하면

어머니는 다시
옛 이야기로 돌아가는
밤 이러한 밤도 있느니라

輓歌

— 꼭 또 오세요 하는 말에
저도 몰르게 끌려가곤 하든
그 길과 밤과 계집일랑 탓하지 말자

잔을 기울여 눈알을 흘리든
파리한 인테리
感傷에 젖든 그날이야
거기 憎惡와 함께 묻어두라

허덕이며 매질하든
언제나 역시 悔悟로만 끄치든
값없는 自責만으로
이 문턱을 더렵혀서는 못 쓴다

아아 까마득히 물러나는 구나
어두운 寢床 우에 괴로운 꿈아

불 논 잔디 우에 새싹이 돋아나듯이
가슴 풀어헤쳐 太陽을 안고서

歷史의 부름 앞에 나는야 일어섰다

숨 가쁜 가슴아!
五月의 제비처럼 날고 싶어도
매서운 豹범처럼 울고 싶어도
너는 먼저 老象의 智慧를 배워야 한다

왼갖 華想이 너를 꼬여도
환한 微笑로서 물리쳐 버리고
길들인 小市民이 파묻힌 터에
眞理로 武裝한 鬪士가 서야 한다

나는야 거기 이름없는 풀잎이 되어

나는야 이우러져 자라났다
그늘져 후미진 石築 밑을 걸을 때마다
번질거리는 돌문패서껀
불이라도 지르고 싶은 마음
눌르며 달래며 자라왔다

개나리 피어 휘늘어지면
안개 같은 몬지를 풍기며
料亭으로 달리는 自動車를
눈물 어린 눈으로 흘겨만 보든

나는야 이젠
불꽃 이는 가슴을 안고
山脈처럼 부푸러 오르는 血管을 움킨채
마구 마구 달려간다

새 나라의 이름으로
지경을 닦는 찬란한 마당으로
나는야 동무들의 앞장을 서서

미친 듯이 달려간다

오오 새 나라야 새 나라야 우리 나라야
송이 송이 꽃송이가 피어날 때엔
나는야 거기 이름없는 풀잎이 되어
조심스레 모시리라 정성스레 받들리라

봄

거리는 무서웁도록 어두워도
꽃가루 날리는 곳엔
불을 밝혀야 한다고
노리터 앞엔 燭光
燭光이 눈을 쏘아본다

집에선 보채는 아이를
매질하면서
배는 고파도 구경은 해야 한다고
단장은 늘어 늘어
나는 그만 슬퍼야 한다

봄이란 이렇게
어수선하게 맞어들여야 하는
아아 그들 속에
나는 누구를 찾어야 하느냐

철마다 바꿔야 하는
옷이랑 마음이랑

나에겐 모두가 지나간
꿈의 風習이니라

봄
꽃가루 날리는 그 속엔
내가 찾는 이는 아무도 없느니
꽃가루 날리는 그 속엔

再生

花崗石으로 영을 올린 무덤
그 위에 칙덩쿨이 얽히고
雜草 욱어져 싸늘한 달빛에
흐늑이는 그림자
금시에 느끼는 소리 들릴 듯한
슬픈 무덤

어둡고 사나운 이윽한 밤과 밤
끝없는 고요를 허덕이며
집어삼키는 두더쥐처럼
산송장이 되어서 누워있든 그 무덤

그저 莫莫한 한숨이 터져나오는
바위틈에 풀포기보담도
더 괴로운 呼吸을 지니며
옛날처럼 도까비 이야기처럼
心臟을 달싹어리며
그래도 실낱같은 목숨이
질어져 왔었다

어느 太古然한 밤
流星의 흐름이 神話처럼
바위를 무너트리고
나무를 부러트려서
아름다운 抛物線에
무덤은 疊疊한 무덤은
부서져 廢墟처럼
허물어져 버렸다

昏迷한 꿈결 속에서
새어드는 音響과 넘쳐드는 바람결에
奇蹟처럼 뚫어진 板子를 벗어나
허둥거리는 발
充血된 눈
呼吸을 이루지 못하는 心臟……

生도 死도 아닌 瞬間에서
『오! 드디어 살었구나!!』
가냘핀 神經이 부르짖는 소리
불보다도 뜨거웠다

光線이 따가웁고 눈부셔
발부리조차 헤아리지 못하는
먹먹하고 안타까운 마음!

걸음걸이마자 잊은 듯이
더듬어 내어 드딛는 발부리에
遺物스런 돌조각 나뭇가지
기나긴 歲月에 슬픈 重量을 더하든
追憶보다도 서글픈 思念

化石처럼 우뚝이 선 양자
앙상한 뼈만이 우중중하고
지나치게 蒼白한 얼골
이마 위에 커다랗게 튀여 充血된 눈은
虛空을 凝視하나
하늘 따는 눈앞에 混亂할뿐이었다

깍말른 땅에 茂盛하는
군풀 넝쿨마냥
얼크러져 허여센 머리칼과 수염은
우수수 부는 가을바람에
허트러져 찢어진 旗폭처럼 퍼덕인다

無心한 돌뿌리 나무가지는
뉘라서 갖추어졌든가
한줌 흙을 더하든 過去는
어느 뉘 가져왔든가
失戀보담도 悲哀보다도

더 슬프고 악착스런 現實이었다

점잖고 말없이 마시기엔
엄청나게 많은 毒杯였다
채찍에 시달려 지기에는
너무나 무거운 짐이었다
가난에 쪼들리고
굶주림에 메말랐든 이들에겐
더욱 더 쓰라린 아픔이었다

생각보다도 더 怨痛한 무덤 속에서
이미 나스기는 하였다

허나 눈앞은 역시 어둠이다
아무리 크게 뜨나 역시 어둠이다
生理的으로 半틈이나 破壞된
억울한 肉體였다

으스름한 視野엔
大地는 狂亂하는 波濤처럼 뒤설레고
하늘은 그 우에 高喊치며 뛰어들 듯하여
悲鳴조차 지르지도 못하고
휩쓸려 가서 또 다시 지난날의
슬픈 日課를 反芻한 것 같다

쏟아지는 듯한 瞳孔의 아픔을 알자
차라리 眼盲하기를 限없이 바라기도 했으나
새로운 삶의 悲哀가 굳이 눈을 갖추기에
역시 이 呼吸이 있는 限
횃불 같은 눈을 안타깝도록 願했다

드디어 부유스럼한 안개 차츰 벗기고
날아갈 듯 나부끼는 파아란 하늘이 보이듯이
눈앞을 가리웠든 어둠이 으스름 스러지고
문득 팔랑거리는
들菊 한 송이 눈에 띄이매
저승길 되살아 온 희안한 느낌에
맘놓고 길게 뽑아 보는 한숨을 쉬고

기쁨아! 소용대는 가슴에 두 손을 얹고
性急히 파닥이는 날개를 가다듬어
마음껏 활개치며 어디를 가야 옳으냐?

정녕코 거짓 아닌 저 하늘 아래
목 놓아 울고 싶고나
얼기설기 얽혔든 鬱寂의 피를
火山처럼 고래처럼 吐하고 싶고나!

부는 바람 간지러운

수집은 살이 송두리째 바치고 싶은
달가운 誘惑도 받어들이자

野生花 드문드문 방싯 웃는 들판을
맨발로 달리자 미칠 듯이 달리자
얼싸안고 빰을 부빌 그리운 이 찾어서
그리고 이 몸의 끓는 피를
곱다랗게 멋들어지게 바쳐버리자

저 빛나는 太陽 아래
발길도 우렁차라 숨소리 고요해라
두 주먹 불끈 쥐고 머리를 높이 들자
바위틈에 샘물도 콸콸 솟으라
온갖 새 지저귀어 보금자리 따뜻하라

봉오리 봉오리 새봄이 오는
이 고개 넘어스자 마중 나가자

슬픔도 가라!
가난도 가라!
이 몸은 죽었다 살아난 몸이로다
우리는 살기 위해 죽고
죽기 위해 살리라

반가워라 이 노래
어이 다 부르오리
들판에 곡식은 무르익었고나

동녘에 붉게 타는
새아침에 돋는 해가 솟아오르는
누리에 빛나는 다사로움 속에서
그 모습을 보리라 잃었든 모습을
새날의 새 터를 닦는 그 모습을

그러면 나도 달려가 끼이리라
가슴에 붉은 피를 가르치고
두 손에 옹이를 어루만지며
얼골 가득히 웃음을 담고

한 걸음 한 걸음씩 나아가 보자
정든 땅 그리웠든 사람들을 찾아
아름드리 꽃다발을 꺾어 들고서

마음이 바쁘면 걸음걸이 더욱 늦추며
가는 길 고비 고비 샅샅이 눈 익혀 보자

아름다운 저 달이
구름을 달래며 지나는구나

멀리서 늑대 여우 산짐승이 우는데
뻐꾹이 너도야 울으려므나

저 멀리 고개 너머
등잔불이 가물가물 조을고 있고나

긁어온 가랑잎

앉으라 앉어 아궁이 앞에
긁어온 가랑잎이 발갛게 타는
늦은 가을 이슥한 밤에!

앉으라 앉어 타는 불 옆에
그리곤 쫓으라 쫓아 머언 옛날로
지난날의 모질든 꿈과 사람들

그대에겐 그대를 바뜨는 힘이 있나니
학대와 설음에도 굽힘없이 되찾은
하늘가 멀리 멀리 잃었든 自由로의 힘이라네

이제 그대에게 돌아옴은
여름날 싸움터에 빛나는 땀방울
五月의 꽃봉오리 피는 듯한 새 希望

이슬 젖은 풀잎에 가시돋힌 가지처럼
독 오른 눈동자와 주둥이들 속에서
神秘한 秘密처럼 찾어오리니

그대 이 모든 즐거움을 위하여
힘으로 마음으로 타는 불 되어서
솔 안에 무르익는 革命을 노래하세!

雪花

끝대인 곳 모르는 눈 속에 사모친 들
落照를 가슴 그득히 받으며
사각사각 소리 보드라운 눈을 밟고
거닐어 보는 들

옆으로 앞으로 우로
모오든 숲 가지 가지 나무 가지에
눈은 뒤덮이어 빛나고 있다

모오든 것을 덮어싸고도 오히려 남는
이 틧기없는 純白함은
이제 마지막 빛을 받고
붉으스레한 빛을 밝히나니

아아 끝없는 번쩍임이로다
대일 곳 없는 純潔한 빛남이로다

들薔薇 가지는 피어 만발한 꽃을 속이고
능금나무 앵두나무 복숭나무

드문드문 미루나무
또한 풀잎 끝까지 꽃은 피어 만발하였다

그러나 아 그러나
이 모든 것의 싸아늘함이여
울타리도 장독대도 나무도 없는
오막살이 같고나
얼음장 같은 찬바람이
텃기없는 꽃들을 불어헤친다

이 꽃심지 가까이 손가락을 대이면
이내 얼어버리고 말 것이다

이다지 맑고 이다지도 死相을 품은 꽃은
마치 우리네 가슴속에 잠자는
안타까이 발버둥치든 뜨거운 옛날이로다

그 속에서 그래도 식지 않은 피가
허덕이며 삶을 그리고 봄을
청춘을 찾고 찾으리
근근이 살아왔든 옛날이로다……옛날이로다

우리의 지난날은 펄펄 날려 쌓이어
짐즛이 結晶하는 눈인가 보다

그러나 아직도 찾지 못한 웃음이 있다
아직도 免치 못한 가난뱅이란다
우리의 지난날의 情熱은 景致같기만 하다

쪼들린 살림살이
우리의 걸어온 生活의 발자취가
덧없는 세상 우에
이제껏 고시란히 남어있고나
歲月의 눈 밑에 잠긴 채로
아직껏 살어있고나

肖像

해어진 옷자락이 가이 없어서
그러는게 아니란다 아가야!
네 부르는 노래가 구슬퍼서
그러는 것도 아니란다

고무신 한 켤레 얻어신지도 못한
네 맨발이 부릍고 찢기어서
혹시는 네 얼골 네 눈이
핏기 없고 초라해서 그러는 것도 아니다

네 어버이가 그러하고
또 네 조상이 그리했든 탓으로
너도 또한 그 子孫의 血統으로만도
언제나 굶주리는 種族이라서
그러는 것도 물론 아니다

네 속에 감추어진
슬픈 歷史의 구김새를
알기 때문에 그러는 것도 아니란다

내가 너를 사랑하는 것은
남모르게 흘리는 네 눈물을 알기에
내 모습을 네게서 보고
잊었든 나를 찾는 것 같애서
그러는 것으로 알어다오 아가야

일찍이 내가 사랑하기를 배운 것도
너와 같은 이에게 배웠고
내 슬픈 버릇도 그러했느니라

내 속에 깃들이는 먼 옛날과
네 모습이 가지는 아련한 느낌은
내가 너를 사랑케 하고 슬프게 한다

때로는 미워도 하느니라
굳이 억누르는 속삭임이 튀어나올 때
나는 너를 咀呪할 때도 있었다
그리고는 씰개를 깨무는 듯한
悔悟로 혀를 채웠느니라

그러나 이제는
네 모습이 向할 길이 되었다
기쁨보담도 다사로운 곳에 이르는 길이

내 사랑도 님의 모습을 머얼리 뵈온 듯이
걸음걸이 바빠져 간다
돌부리에 채일 줄도 모르고
뛰고 싶다 날으고 싶다

허나 너는 그 가냘핀 몸 안에
날카로운 理智를 갖추고
조심성스럽고 침착하다
그 위엄 아래 능히 나를 누르고

네 가슴속에 볼록한 봉우리가
피어오르는 그 길 우에
내 모습 또한 따러 피리라
오! 아가야 그 길 우에

어머니

거칠은 손 부드러웁고
흰 얼굴이 홈초록이 주름살에 싸여
까만 눈알이 멀리 바라뵈는 곳에
어머니 당신의 아들은 있오이다

깨끗한 새옷을 입히고 싶어하는
아들은 아직도 누추하다고
어머니 당신의 눈은 따라옵니까

갓스물도 두어해 전
때 묻은 바누질그릇 옆에
아들은 있지 않었읍니다
그때부터 당신의 눈은
바라만보는 習慣이 들었지요

머리칼이 하얗게 시었어도
열여덟 새 새악시 그때보담도
부엌일은 자꾸만 서투르신데
바라보는 習慣은 익숙해지십니다

꿈자리에서도
그렇게 바라만 뵈신다구요

어머니—
당신의 눈에 깃드린 不安한 表情은
언제나 가셔질가요

달

눈알마다 마다 精彩가 돌고
불고레 상기한 얼골 얼골들이
잠긴 듯 가뿐 숨결을 지니든 모임에서
어깨 나란히 가슴을 물들이며
돌아오든 밤길

붉은 기와 상기한 얼골과 온몸의 피와
어느 것이 붉고 빨간 빛조차 헤이지도 못하여
고개 다소곳이 넓은 길 걸어오든 밤

발자최 얼은 땅에 소리 높으매
문듯 밝은 빛 넘치는 길 우에서
밤도 겨울도 어느듯 깊었고나
스스로 고요히 생각하며 너를 보았노라

비스듬한 구름을 헤치고
어우러져 갸웃동 솟은 새하얀 네 얼골은
이날따라 유난히 곱고 고왔다

손아귀에 땀을 쥐고 말소리 우렁차든
어제도 오늘도의 흩흩한 날에
네 얼골에 홀리운듯 빼앗기는
그지없는 아름다움이 고마웠다

지난날 亡命의 길 우
눈보라치든 밤길 우에 그림자 愁然히
차마 한숨 없이 보지 못하든 네 얼골
鐵窓에 바람소리 섞여 엿보이든
눈물 없이 보지 못한 네 얼골이었다

그러나 이제 다시 보는 네 얼골
어찌도 그리 차거운 아름다움이냐
이 끓는 가슴 안에 부여안어
속속들이 포근하게 녹혀주고 싶고나

다시금 現實과는 동떨어진듯이
머얼리 으스름히 바라만 보듯 비치고
그렇다고 너 없는 밤에
어둡고 쓸쓸한 갑갑증을 더하든 너

무수한 별들을
반겼다 저어하며 끝없이 돌고 돌고
바뀌고 또 바뀌는
따를 수도 잡을 수도 영영 없는 너

저 빛나는 太陽이 우리의 情熱이라면
너는 잠겼다 선하고 선했단 다시 잠기는
우리의 理性일까보냐 달아!

지새움이 훤할 때
너는 西天에 이윽히 걸리기도 하고
저녁놀이 화려할 때 일찌기 솟아
동트기 전 새벽별을 호올로 남기는 너

지붕도 담장도 없는 우리집 안에
때때론 등잔불도 피고
호롱불 켜들고 고개 넘어 논밭 넘어
밤일하고 돌아오는 우리를 맞아주기도 하든 너

너는 우리네 살림살이에
훌훌 빨갛게 타는 모닥불이 되라!
웃음 가득 머금고 반가이 맞는
얌전한 안악네가 되라!

또한 너는 우리 가슴속에
거울이 되라!
噴水가 되라!
연못이 되라!

제2부

피릿소리

피릿소리

어둡고 거칠은 이 뜰 안에
불현듯 들려오는 피릿소리
맑은 소리 한없는 鄕愁의 멜로디—

그윽한 神秘
꿈속같이 아늑—한 품안에서
흘러나오는 피릿소린가
『運命』처럼 슬픈 曲調는
歷史의 골짜구니에서
머나먼 길을 흘러 흘러오는 구나

그러나 피릿소리는
아름다움보다도 더욱더 슬퍼
서러움만이 이 뜰에 가득 차다

실컨 울고 난 뒤엔 웃음이 있어야 하질 않는가?
피릿소리는 싹트려는 뜰에서
아직도 안타까이 흐느끼나니

마음 한 모퉁이에 움츠리고 있는
굶주림인 양한 슬픈 記憶을
이 밤엔 영영 몰아내리라

슬픔의 習慣이 간 뒤 드디어 피릿소리는
아름답고 우렁차서
움트는 이 뜰안을 보슬비처럼 적시리니

눈 감으라 고요히

아! 그것은 너머나 슬픈 일이다.
뜻 아닌 죽엄을 하마 이를 뻔했든 싸움터에서
이 땅의 한줌 흙을 쥐고 바르르 떨든 손이
그리운 어버이 땅에 도라온지 어끄제
北岳의 늦인 가을 부는 바람에
우수수 허터지는 落葉을 보고
가랑닢 한닢 한닢이 가시가 되여
이 몸의 구석구석을 찔르더라도
진리의 旗ㅅ발 드높이 직히겠다고
가슴의 붉은 피를 가리키든 손이
두 주먹을 불끈쥔 채 解放된 이 땅 우에서
殘虐한 銃뿌리에 동무를 그만 여위다니

아! 그것은 너머나 憤한 일이다

동무들의 목숨을 아사간 者는
저 거꾸러진 나치스 팟쇼의 相續을 꿈꾸는 무리
그러나 그들은 동무들의 허터진 핏속에서
정녕코 들었으리라 人民의 아우성을

朴晋東 동무야!
金星翼 동무야!
李達 동무야!

목 메인 이 소리나 참아 불를 수도 없노니
가신 길 편안히 눈 감으라 고요히
人民의 아우성이 멈추는 날까지는
동무들은 기리기리 예 있으리라.

장마

— 水害 救濟 文藝講演會 朗讀時

그저 멍하니 한숨지든 버릇이
상기도 가시지 않은 땅에
무슨 놈의 비가 쏘다지는가

차라리 쑥대밭을 맨들 판에야
된소리 안된 소리 지꺼리는
돼지 같은 목덜미를 디리치렴아

휘모라치는 비바람에
고향은 있어도 흙 한 줌 없는
아— 이 나라는 언제나 남의 땅 같구나

물구덩이 속에서 피눈물을 뿌려도
은신할 처마와
몸가릴 옷가지 하나 없어도

王宮 안 오만한 主人의 수라상 우엔
진수성찬이 향기로워도

우리에겐 비에 젖은 주먹밥뿐이다.

공손히 뭉쳐 나누어주는 손
힌옷일망정 덮어주는 손들만이
비와 눈물에 젖은 마음을 어루만지는구나.

보라 이 비가 머즌 다음날엔
진정 폭풍우 같은 우리의 아우성이
새로운 장마를 마련할 것이다

횃불

— 八·一五의 노래

웅성깊은 수풀처럼
소용대는 旗ㅅ발 旗ㅅ발
프랑카드 환이 하늘을 뚫어
끓어 달른 心臟이 아퍼

피와 눈물이 뒤섞인
까아만 얼굴우에 주름을 잡고
끝없는 부르짖음이
雷聲처럼 地軸을 흔들며

巨大한 生命이 隊列을 지으면
炎炎히 타는 불길되여
거리마다 人民의 마음 속속드리
아! 朝鮮은 野蠻이 아니다

풍장치며 가는 농민도
어머니 손에 매달려가는 어린 아이도
한결같이 외치는

『正義의 손으로 奪還하여라』
앞에서 들려온다
뒤에서도 들려온다

바다와 같이 高喊치며
바다와 같이 깊은 마음들이
거리를 휩쓸고 마루턱에 오른다

썩은 강냉이와 밀가루에
쫓기고 밀려나온 겨레들이
여기 모다 한데들 몰여
軍政을 人民에게 넘겨달라고
동무여 너도 나도 목이 쉬었다

파닥이며 나부끼는 旗ㅅ발 旗ㅅ발
우리들 깍지 끼고 뛰어들 때엔
너는 모든 山허리에 꽂혀서
활활 횃불처럼 타라

三八 以南

— 國恥 紀念 文藝講演會 朗讀詩

어즈러운 몸짓으로
베일을 씨우느냐?
가리워도 가리워도
타는 눈방울은 베일을 뚫는다.

씰개를 뒤집어놓고 생각하여도
허울 좋은 南朝鮮은
흐물거리는 人肉市場이다.

蕩兒와 賣笑婦는 연방 눈짓을 하며
어리다고 어리다고 얼르면서
목졸라 매여 어디로 끄으느냐.

지금은 아니라고 잡아떼여도
너는 역시 보스요
나는 역시 종이다.

밀가루는 밀까루

빵은 되여도 밥은 아니다.

씨를 없애는
지독한 火藥이 있다고
自由를 말함도 罪되여
모저리 짓밟아 놓은 三八以南.

옳은 마음 그리는 人民의 나라
사람들은 北으로 北으로 쏠리는데
權力은 東으로 東으로
太平洋 저쪽으로.

누구를 위한 벅차는 우리의 젊음이냐?

— 國際靑年데에

눈시울이 뜨거워지도록
두 팔에 힘을 주어 버티는 것은
누구를 위한 붉은 마음이냐?

깨여진 꿈조각을
떨리는 손으로 주워 모아
歷史가 마련하는 이 國土 우에
옛날을 찾으려는

저승길이 가까운 令監님들이
주책없이 중얼거리는 잠고대를
받어드리자는 우리의 젊음이냐

倭놈의 씨를 받어
소중히 길르든 무리들이
이제 또한 모양만이 달러진
새로운 ㅁㅁㅁ의 손님네들 앞에
머리를 숙여

生命과 財産과 名譽의
積善을 빌고 있다

누구를 위한
벅차는 우리의 젊음이냐?

서룬 여덟해 전 나라와 같이
송두리째 팔리어 피눈물 어려
남의 땅을 헤매이다 맞어죽은 同族들은
팔리든 날을 그리고
맞아죽든 오늘 九月 초하루를
목매여 가슴을 치며 잊지 못 한다

그러나 오늘날 또한
썩은 강냉이에 배탈이 나고
뿌우연 밀가루에 부푸러오르고도
三千五百萬弗의 빗을 짊어지고
생각만 하여도 이가 갈리는
무리들에게 짓밟혀
가난한 同族들이
여기 눈물과 함께 우리들 앞에 섰다

누구를 위한
벅차는 우리의 젊음이냐?

어느 놈이 우리의
분통을 터트리느냐?
우리들 젊음의 힘은
피보다도 무서웁다

머얼리 바다 건너 저쪽에서도
피 끓는 젊은이의
씩씩한 行進과 부르짖음이
가슴과 가슴들 속에 波濤처럼 울려온다
젊은이 갈 길은 단 한 길이다
가난한 同族이 우는 곳에

피빨이 서 날뛰는
외국 ㅁㅁㅁ들과
망녕한 令監님들에게
저승길로 떠나는 路資를 주어
ㅁㅁ으로 쫓아야 한다

共青員

雄辯은 못하나마
그들은 恒常 眞實을 말한다.

가난한 사람들을
멕여 살리려는 그들은
몸소 營養不足에 걸려있다.

움집을 工場을 農家를
끊임없이 드나드는 그들은
눈방울에 精彩가 돈다.

巡講에 宣傳文에 심부름에
날이 날마다
時間도 고달픔도 그들은 몰은다.

人民을 위해서는
언제나 忠實한 개아미처럼
죽엄도 돌볼 겨를없이
일하기를 좋아한다.

敵을 中傷하고 욕하기보담은
오히려 自己를 批判하는
새빩안 피가 그들의 온 血管을 구비쳐 날래다.

호사스럽지 않은 그들은 진정 우리들의 벗이니라
우리의 씩씩한 벗들은 詭辯에 對抗하는 辨證法을 알고 있다.

戰取하라 우리들의 情熱의 鬪士!
그대들이 웃는 곳에
大衆 또한 따라 웃는다.

江마을

장마가 스쳐간 江기슭엔
모래도 물에 젖어 반작이지 않고

두어 그루 또 두어 그루 미루나무엔
짚오라기만 얼키여
가지마다 바람에 나부끼는데

허물어저 임자없는 뫼뿌리모양
초라한 마을엔
두꺼비와 개고리만 있슬 뿐이다

아 여기 이 마을
서러웠든 꿈이
아물거리는 논이랑에
또다시 한없는 슲음이 몰려오든 날

정녕 깃드릴 곳 없는 마음을 안고
옛날처럼 옛날처럼 떠나야만 했다

그러나 떠나든 길 또한 定處 없어
구름은 흐터져 날리는 저녁
일 저지른 아이들처럼
시름없이 찾어드는 마을

마을은 항상 흙냄새 풍기는 곳이기에
멀리서 안타가히 도라와야 했고
모진 마음으로 쟁기를 되잡어야 했다

모래도 물에 젖어
반짝이지 않는 江마을
장마가 스처간 논이랑에
다시는 다시는 슲음이 없어야 한다

十月

八月이 휩쓰러 모라부친 더미 속에
十月은 불을 질렀다.

半平生을 敵의 養子로 알뜰하든 八月의 鬪士
咀呪를 避해 南으로 흘러온 移民
가난한 百姓의 등골 핏땀 우에 깃드린
너털우슴이 간드러지는 咀呪로운 무리
八月이 휩쓰러간 모라부친 더미 속엔
구데기가 끓었다.

살어야 한다.
살기 위해선 싸워야 한다.
싸우기 위해선 우선 죽어야 한다.

山에 들에 넘친 풍성 곡식을
노략질한 무리와
무리를 직히는 또 무수한 무리와

앙칼스런 눈깔처럼 반짝이는

銃뿌리에 앞가슴을 디미러라.

기름발라 곱게비슨 하이칼라 뒤통수에
돌풀매로 寶石을 박어주마.

피 피 선지피가 응이가 졌다.
피를 밟고 미끄러지며
屍體를 둘러메고 앞을 달린다.

쏠테면 쏴라, 늬에미를 쏠테면 쏴라.
내 피를 보고 銃뿌리를 돌려라.
깜장 콩알은 叛逆者의 것이다.

살어야 한다.
살기 위해선 싸워야 한다.
싸우기 위해선 우선 죽어야 한다.

鐵窓을 열고 오머니를 꺼내라.
놈들을 모라넣고 鐵窓門을 닫어라.
鐵窓은 너의 것이다. 저승까지 너의 것이다.

불꽃이 인다.
유리창이 터진다.
도망치는 정갱이에 삽자루가 날른다.

쌀을 내라!
땅을 내라!
아니 목숨을 내라!

八月이 휩쓰러 모라부친 더미 속에
十月은 불을 질렀다.

피 묻은 十月은 앞날을 본다.
피에 젖은 十月은 飛躍을 한다.

당신의 일흠을 불으면

첩첩히 쌓여진
벽돌마다 마다에
朴憲永 先生이여
당신의 일흠이
자꾸만 떠올라옵니다

그을음이 가득한
監房 벽 사이
당신의 음성이
조용 조용 다정하게
끝없이 쉬지 않고 들려옵니다

斷食 엿새에
숨이 가빠서
식은 땀 흘리며 누었다가도
당신의 일흠을 불르면
벌떡 이러서서 노래 부르며

아아 우리는

얼마나 幸福하냐
가슴마다
굵은 言約이
샛별처럼 안겨집니다

열여덟 먹은 民靑員
抗爭에 드러온 동무가
民靑歌를 불렀다고
뚜드려 맞으면서
朴憲永 先生이시여
당신의 만세를
목매여 불렀습니다

우리의 이르는 곳
가난한 祖國
억매여 지내는 人民이
사는 어느 곳에나
당신의 일흠이
당신의 음성이
미치지 안는 곳이 있겠습니까

朴憲永 先生이시여
당신의 일흠을
목마르게 불릅니다

朴憲永 先生이시여
우리 앞에 自由로이
도라오십시오
당신의 自由는 우리의 것입니다

三月

푸른 물 江가에 무심히 쌓노은 모래山인 양
붉은 담 넘어로 바라보이는 山이여 하늘이여

나무 한 포기 없는 黃山 잔등에
하이얀 구름 날고 구름밖에 가물가물 사람이 간다

꿈속처럼 들려오는 아해들소리 새소리
限없이 맑고 맑은 우리의 하늘
파아란 하늘이여 눈이 부시구나

窓밖에 봄
三月의 바람이 흐른다
바람 따라 祖國으로 퍼지는 내 마음이사
닭의장같은 鐵鋼과 굵다란 쇠기둥도 어쩌질 못 하는구나

『앉어서 죽노니 서서 싸우자』는 동무
붉은 旗ㅅ발에 덮여 가슴속에 무치고
새로운 世代로 달리는 젊은이

간다
祖國이 부르는 길로 사랑이 넘쳐
스물다섯의 젊은 나는 간다

동무여!
『盟誓』라 너무나 낡은 文字가 아니냐
우리들 손잡고
다만 말없이 가기만 하자

窓밖에 봄
三月의 太陽이 빛난다
뜨거운 뜨거운 동무들의 노래소리
담베락을 흔들며 들려오고
고흔 소리 재잘대며 미끄러지듯 새들이 날른다

山

아무데서나 山이 보이는
티끌 날리는 서울

검푸른 山마루에
그림 같은 붉은 구름이 걸리면
어수선한 발자욱들이
바삐 움직이는 거리

속삭임을 주고받을
동무를 기다려
누렇게 물드는 街路樹에
등을 기대면
갑짝이 시장끼가
벌레처럼 기어내린다

밀려가는 사람들 사이
이따금 얼굴 익은 동무들이
握手도 없이
눈만을 끔벅이고 지내치는

쌍, 가슴 아픈 오늘날이다

지난해 가을 이맘땐
모롱이 모롱이 산마다에
횃불이 있었드라만

시방 이 가을엔
그때를 그리우는 마음이
머얼리 어두워가는
산을 노린다

電車, 自動車, 馬車, 트럭
찦, 찦, 또 찦……
목마른 서울 거리엔
몬지만 휘날리느냐

正刻이다
동무는 헐덕이며
손을 쥐었다
집 없는 우리들이다
어깨를 부닥트리며
네거리까지 거러가자

재빠른 속삭임이 끝났다

約束한 날까지
우리는 헤어지자

어지러운 거리
숱한 사람들 속에 끼어
동무는 보이지 안는다

아아 부푸른 숨결로
네거리에 스면
더 한층 검푸러
자주빛 구름 휘감아 도는
산은 나의 가슴속 깊이
英雄들의 모습을 그려주는구나

아무데서나 山이 보이는
티끌 날리는 서울
거리 거리에
山은 가슴마다에 있고

밤이면 머얼리 아득한
별빛 그리워
마지막 가는 날에도
부를 노래
가만 가만 불러보며

어수선히 디디고 간 발자국
먼지 속에 쌓인 어두운 길 우
타박어리는 발길이 개벼워간다

H兄에게

당신의 손에 쥐어지는
나의 손은
어쩌면 그리도 적어집니까
그것은 事實보다
느낌인가 합니다

무시로 그리워지는
당신은 나에게
대체 무엇입니까

당신의 눈앞에
서투른 나의 詩를 펴놓고
아주 죄그만 人間이
조마조마 대령합니다

언덕 길 숨이 가쁘면
心臟이 터질듯이 아프다는
당신이 山 넘어 찾어 와
오히려 나의 病을
근심하고 도라간 뒤

나는 뒷통수를 어더마진듯이
주저앉고 맙니다

사실 당신을
兄이라고 불르기엔
너머나 멀고
너무나 가까웁습니다

내가 무슨 씨앗이라면
당신은 물을 주고
풀을 뽑아 가꿔주는
따뜻한 손과 마음의 사람

당신 앞에서
말문이 맥히는 나는
모두 거짓말만 한것 같어
대가리를 주먹으로
쥐어박습니다

나는 언제나 당신 앞에
부끄럽지 않은
사람이 될 것입니까
不安한 생각에
다시금 당신이 그리워집니다

山 우에서

히 멁은
눈 먼 하늘 임제
눈 빨이 내릴가보다

때 아닌비
주룩 주룩
밤새 내린 뒤

하늘 밝지 않고
낡은 權力이
무거운 땅에

가마귀 울음 실어
해를 보낸다

가슴 태울듯
타오르는 하늘 이내

시르르 식어버린

재 덤이 처럼

꺼멓게 들석이며

기우러은 해

숨 가뻐 보낸다

칭구도 스승도

머얼리 구양 보내고

가차운 사람은

모조리 빼서간

이리떼

두달리든 땅에

아아!

봄이 가까워 온다

원수여 물러가라

풀석이는 재덤이

저리 걸은

그리고 뚤렸다

흙탕물 철벅이며

뛰여 들거라

목숨 이 아까운 원수여

희멀은
눈 먼 하늘가
상기도 가슴 아픈
이 산우에서

원수여 너이의
마지막 해를 보낸다

鄕愁

금시에 깨어질 듯 창창한
하늘과 별이 따로 도는 밤

엄마여
당신의 가슴 우에
서리가 나립니다

세살베기 젖먹이
말썽만 부리던 막내놈
어리다면 차라리
성가시나마 옆에 앉고 보련만

아!
밤이 부스러지고
총소리 엔징소리 어지러우면
波濤처럼 철렁
소금 먹은듯 저려오는 당신의 가슴

이 녀석이

어느 곳 서릿길
살어름짱에
쓰러지느냐

엄마여
무서리 하얗게
풀잎처럼 가슴에 어리는
나의 밤에

당신의 옷고름 히살짓던
나의 사랑이
地熱과 함께
으지직 또 하나의
어둠을 바위처럼 문어트립니다

손톱 밑 갈갈이
까실 까실한 당신이 손
창자 속에 지니고

엄마여
이 녀석은 훌훌 뛰면서
이빨이 사뭇
칼날보다 날카로워 갑니다

祖國과 함께

하늘이 있는 곳마다
하늘보다 커다란 원한이
노을보다 붉게 타고

나의 領域하는 여기
한 뼘 땅 위에
祖國은 한없이 넓어져
넘실거려 소용되는
하늘과 땅

이대로 선 자리에
나는 불기둥이 되어
이글거리는 가슴
분수처럼 뿜어 올리자

견딜 수 없어
자꾸만
악착스레 다가서면
분함이여

총알보다 아픈
나의 정열이여

다시 또
톱날 같은 땅 위에
송두리채 하늘을 이고
소리 아닌 소리 천둥처럼 울리며
刻刻으로
숨결과 함께 넘어져 가는
祖國과 함께
나는 여기 눈보라 속에 있다

제3부

산문

싸우는 監獄

祖國을 사랑한 까닭에

내가 監獄사리를 하게 된 것은 무엇 때문이었드냐? 이것은 밀이 내가 말하지 안어도 讀者 여러분은 너무나 잘 아는 일이다. 國際 民主主義가 決定한 三相 決定을 反對하는『意思 表示의 自由』는 있어도 보장되었다든『言論의 自由』는 果然 어데로 갔느냐? 民族을 팔어먹고 人民의 利益을 獨占하여 모든 文化와 藝術을 짓밟고 三十五年 동안이나 가진 押取를 當해오든 勤勞 人民을 抵當해 처먹는 무리들에게는『行動의 自由』와『言論의 自由』가 있어도 우리에겐 무슨 놈의 自由가 保障되었드란 말이냐.

詩에다 政治를 말해서는 안 되고 叛逆者놈들을 憎惡해서는 勿論 안 되고 다만 꽃이나 새라 구름과 더부러 偉大한 國父님이시여! 거룩하신 博士님에 尊敬하는 叛逆者 영감에 親愛하는 謀利輩 諸氏의 幸福을 노래하는 이러한 詩에는 술잔도 데모團의 擁護도 바치는 이 땅이다.

이렇기 때문에 나는 懲役사리를 해야 했고 讀者 여러분께서는 朝鮮의 文化와 藝術과 跳躍되어 가는 民族의 運命을 爲해 슬퍼했고 憤起했고 勇敢히 싸우었고 方今보다 더 熾熱한 鬪爭으로서 共同委員會의 絕對的인 成功을 爲해서 피나는 싸움을 展開하고 있다는 것에 對하여 나는 이 가슴속에 벅차오르는 感激과 感謝와 盟誓를 도무지 表現할 길이 없는 것을 恨嘆할 따름이다.

監獄엔 只今 무리 헤일 수 없는 民主主義 愛國者가 日帝가 朝鮮 人民을 皇國臣民化시키고 朝鮮 民族의 膏血을 빨기 위해 만드러 논『監獄法』에 依하여 갖은 苦焦를 다 받고 있다. 거기에도 巧妙하게 組織된 스파이網과 謀略과 陰謀와 테러가 公公然하게 恣行하고 있다.

『무릅을 꿀어라!』,『앉어라! 서라! 나오너라! 드러가거라!』

이건 完全히 달리고 얻어맞고 辱脫의 우박을 도맡아서는 개돼지만도 못한 動物 取扱이다. 걸핏하면 쇠고랑이요, 또 꿈쩍하면 밤낮을 分別 못하는『暗黑獨房』이다. 밤에 虛弱한 동무가 잠꼬대로 우리 民主 政黨 萬歲를 불렀다고 해서 쇠고랑을 채워 뒤로 묶어놓기 일수요,「革命歌」를 불렀다고 해서 코가 삐투러지게 얻어맞고 獨房사리를 해야 하는 監獄이다. 이러한 가진 蠻行 속에서 呻吟하며, 드디어는 營養不足으로 쓰러져 獄死하고 만 同志가 있지를 안는가? 나는 부르짖는다.『民主主義 愛國鬪士를 卽時 無條件 一切 釋放하라!』고.

四 · 二五 鬪爭의 勃發

다른 것은 다 고만두고라도, 虛僞 歪曲 報道된 四月 二十五日 斷食 鬪爭을 말해 보자. 四月 十五日 일이다. 精版社 事件 동무들이 棄却되여 未決監에서 本監으로 넘어오면서 동무들은 憤怒에 떨며 하늘높이『解放의 노래』를 부르며 나란히 서서 푸른 옷을 입고 冊보따리를 쓸며 넘오든 때다. 우리들 旣決監에 있는 동무 一同 그리고 甚至於는 雜犯들까지도 말할 수 없는 感情에 가슴을 쥐어뜯으며 똥통 우에 올라서서 鐵窓 밖으로 내다보았든 것이다.

그날부터 우리들은 朝夕으로 行事하던「解放의 노래」와「革命歌」에「朝鮮獨立萬歲」를 參加해 부르기 始作했다. 이것은 偶然히 그리고 自然

發生的으로 始作되어 全 獄內의 붉은 벽돌로 싸 높인 담베락을 흔들었고 저마다 복받치는 憤恨과 祖國에게 불같은 사랑에 떨면서 목이 터져라 하고 외쳤든 것이다. 이것은 必然的인 것이며 當然 以上의 當然이다. 獄吏들은 唐惶했고 怯이 났고 약이 올라서 銃부리에 칼을 꼽아서 示威를 하며 一方 呼出을 해다가 威脅하고 毆打하고 懷柔하고 別別 奸巧를 다 짜내 보았스나 우리는 막무가내였든 것이다. 이래서 이러한 行事는 하루에도 멧 번씩 突發的으로 일어나고 하였다.

그리다가 十九日엔 놈들은 精版社 事件 동무들을 별안간 轉監을 식혀버렸다. 李觀述 동무는 大田으로, 宋彦弼 동무는 麻浦로(五月 九日엔 다시 大田으로 移監하였다) 그리고 그 外의 五六 동무가 各其 麻浦, 大田으로 轉監되었고 獄內에서 全 동무가 노래와 萬歲를 놉게 부르다가 놈들에게 끌려가서 그놈의 倭놈들이 만들어 논『暗黑獨房』에 隔離되고 말었다. 그래서 우리는 極度에 다다른 憤을 抑制치 못했고 나는 看守長 緊急 面會를 請해서 겨우 午後 七時 傾에 所謂 戒護課에 뛰어나가서 約 四時間 半의 論戰 끝에 全 동무를 그 前 있던 房으로 일단 도라오게 했든 것이다. 이날 밤에 亦是 또 한 동무 李 同志가 나와서 또 當局者들의 非人道的이요 非民主的인 政策을 攻擊하고 十二時 傾에 李 동무와 나는 各其 있든 房으로 도라오자 金 동무도 곳 내가 있는 房에서 가까운 全 동무의 있든(當時 全 동무와 나는 獨房이었다) 房으로 도라왔다.

그리고 이 事件에 對한 具體的인 解決 方法을 講究하기 爲하여 翌日 二十日 아침에 우리 세 동무가 이 事件의 擔當 看守長 하고 妥協하기로 되어 다시 戒護課에 나가서 이 事件의 解決은 獄內의 民主化와 더부러 解決될 수 있는 課題인 만큼, 于先 監獄의 民主化를 하기 爲해서는 收容者의 代表를 選出하여 當局者들과 隨時로 或은 定期的으로 共

同面會할 수 있는 共同面會制度를 實施해야 한다. 이래서 刑務所를 收容者의 自治的인 方式으로 改革하는 同時에 徹底한 民主化의 길로 引導할 수 있는 것이다. 여기에서만 비로소 모든 問題는 圓滿히 解決될 수 있고 이러한 民主主義的인 政策에서만 朝鮮의 完全 自主 獨立의 길이 促進될 수 있는 것이라는 것을 力說하고 이것을 書面으로 三人 共同署名하여 提出할 터이니 所定의 期日까지 이에 對한 刑務所長 自身이 이 세 사람에게 直接 確答을 해주기 바란다.

그러나 所長 自身의 單獨的인 意見만으로 이에 對한 答을 못할 境遇를 考慮하여, 이러한 때엔 司法部와도 充分히 交涉하여 確答할 수 있는 時間的인 餘裕를 두기 위하여 四月 二十四日 正午까지 可否를 確答해 달라. 萬若에 이것이 不可할 때엔 司法部長과 刑政局長과 우리를 直接 面會시켜 달라. 그러면 이 面會席上에서 우리가 直接 交涉을 하겠다. 그리고 이 提議가 承認될 時에는 二十七日까지 豫備 會合을 갖게 하여 豫備 會合席上에서 收容者 代表의 選出 方式과 規約 大綱 草案을 作成해야 할 것이다. 이 豫備 會合은 不得已 우리가 指名하는 五名으로 構成케 하며 적어도 第一次 當局者와의 本 會合은 今月 三十日까지 열도록 해달라. 이러한 要求 條件 下에 우리의 朝夕 行事인 노래와 萬歲를 四月 二十四日 正午까지 臨時 中止하겠다는 것으로 妥協되어 當局에서는 그대로 努力해 보겠다는 言叱로서 우리 三人은 監房으로 도라와서 이러한 顚末을 멧멧 同志들에게 傳達했던 바 그 날 낮부터 全獄內가 行事를 中止하고 二十四日을 期待하게 되었든 것이다.

드디어 二十四日 아침에 戒護課 事務室에서 亦是 三人이 모이게 되어 看守長으로부터 우리 要求 條件에 對한 答이 所長이 今 二十四日부터 南朝鮮 各 刑務所長會議에 參席하게 되는 關係로 答이 二三日間 더

行事를 延期 中止하고 기다려 달라는 말이 있자 우리는 所長의 無誠意를 攻擊하고 우리가 時日의 餘裕까지 두어 紳士的인 交涉을 했음에도 不拘하고, 끝까지 欺瞞的인 術策으로 糊塗하려는 態度의 不當性을 指摘하는 同時에 午後에도 時間이 있으니 午後에라도 所長 自身의 입으로의 提議에 對한 意見이라도 듣도록 해달라는 말로 끝막고 一段 換房한 뒤 다시 午後에 나가 新任 戒護課長의 입으로 同樣의 辨明的인 說明을 듣고 우리는 어디까지나 欺瞞的인 그리고 日常的, 官僚的인 觀念과 根性을 取하는 刑務 當局 責任者의 僞善 行爲를 指摘하고, 이 會議의 決裂은 우리로서는 最大의 努力을 다하여 平和的인 交涉을 한 것이기에 이 以上 더 當局을 信任할 수 없으며, 또한 이럼으로서 우리는 饑饉의 迫害와 죽음의 危險 속에서 견딜 수 없다는 것을 表明하고 今後 發生하는 一切의 自然發生的인 行事 乃至 不祥事는 모두가 當局이 嚴格한 責任을 져야 할 것이라고 말하고 우리는 監房으로 도라왔든 것이다.

그 날 저녁때다. 붉은 담 안 구석구석에 「愛國歌」, 「解放의 노래」, 「獨立萬歲」, 口號 等의 아우성이 暴風처럼 이러났다. 이것은 우리 푸른 옷 입은 全衆들의 共通한 怒號이며 生命에 對한 不安 속에서 또는 叛逆徒黨에 對한 憎惡와 咀呪와 祖國에서 뜨거운 사랑이 얼키고 얼킨 心情이 참고 눌려오다가 一時에 暴發한 그 가장 뚜렷한 證據이다. 모두 鐵窓을 부여잡고 猛虎처럼 高喊치는 이 소리는 우리의 가장 깊은 正義感의 發露이었던 만큼 놈들은 떨었다. 몸을 태우는 情熱, 사랑하는 祖國, 그리운 하늘, 얼마나 애태우며 부르짖었겠는가.

讀者여 생각해 보라. 이래서 그날 밤 이슥해서부터 일부에서 끌려나와 얻어맞기 始作했다. 나는 마침 그날 午後에 놈들이 우리 陣營 동무들에 對한 集中 政策에 依하여 聘放되어 여러 동무들과 함께 있게 되었다. 놈들은 우리 동무들을 한군데 集中시켜 놓고 새로운 奸策을 쓰려 들었다. 놈들이 分散 政策에 失敗했다는 것을 表明하는 것이다. 왜? 그들은 우리가 가장 무서운 傳染病 患者인줄 알기 때문이다. 雜犯들이 빨갱이가 되여버린다는 것이다. 놈들은 事實 무서웠다. 後日 雜犯은 우리를 爲하여 二十四時間 同情 斷食에까지 加擔했었든 것이다.

屠殺場化한 戒護課

그 이튿날 아침—亦是 마찬가지다. 동무들은 여전히 黙想, 노래, 口號를 불렀다. 놈들은 粉筆을 가지고 다니며 房房에 첵크를 했다. 좀 있다 열쇠를 절그럭거리며 첵크한 房門을 열고 동무를 끌어냈다. 우리는 끌려가면서 얻어맞는 동무를 爲해 소리를 쳤다.

『때리지 마라!』,『때려선 못쓴다!』

戒護課로 끌려 나갔다. 거기엔 벌서 다른 데서 끌려나온 동무들이 뒤로 묶이워져서 마루바닥에 디굴디굴 굴면서 呻吟하며 맞고 있었다. 놈들은 五六名이 달려드러 마구 치고 패고 발길로 차고 아! 이것은 完全히 屠殺場이다. 어느 地獄의 風景 속에서 이러한 風景을 보겠느냐? 우리는 또 소리를 질렀다.

『때리지 말라!』,『왜 때리느냐!』

놈들이 달려들어 우리에게 쇠고랑을 채우려 한다. 저쪽에서 副所長 녀석이 빙글빙글 웃고 앉었다. 그 者가 總指揮官이다. 우리는 拒絕을 했다.

『理由를 말해라! 무엇 때문에 우리가 手匣을 차느냐. 못 찬다.』

그러나 너댓놈이 달겨드러 强制로 채우고 복판에 끌어내다가 마구

친다. 굵다란 捕繩을 감어서 길게 잡고 등골을 후려친다. 悲鳴이 인다. 가죽革帶로 갈긴다.

『이놈에 자식 빨갱이 자식!』,『너 같은 놈들은 죽어야 한다.』

椅子를 들어 메어친다. 구둣발이 갈비대를 노리고 다리 찬다. 방망이로 갈긴다. 동무들은 피를 흘리며 이젠 悲鳴도 없이 그냥 디굴디굴 구를 뿐이다.

모조리 이렇게 卽死之境으로 얻어맞고 뒤로 쇠고랑을 찬 채로 놈들에게 끌려 미리 치워놓았던 三坪 二合짜리 房으로 끌려 와서 세 房으로 갈려 집어넣고 철그럭 房門을 닫어버렸다.

이래서 우리는 二十五日 아침부터 다시 要求 條件을 내걸고 代表者 五名, 首席代表 二名을 選出하고 要求 條件이 貫徹될 때까지 斷食한다고 宣言함과 同時에 所長 以下 各 幹部의 緊急 面會를 請하고 斷食으로 突入했던 것이다. 이 斷食은 滿八日 繼續되었다.

이 期間의 모든 交涉과 놈들의 謀略, 陰謀, 中傷 等은 省略한다. 이렇게 斷食을 繼續하는 동안에 우리는 轉監을 가게 되었다. 놈들은 證據 消滅, 責任 回避와 同時에 轉嫁, 分散 等의 政策으로 이것을 案出해 냈다. 이게 바로 斷食 四日 되든 날이다. 斷食 中에 있든 동무가 둘 끌려갔다. 安東으로, 釜山으로, 나머지는 斷食에 加擔 안 한 동무다. 나도 업혀 나갔다. 또 다른 두 동무도 업혀 나왔다. 結局은 셋이 다 危篤 狀態에 있는 것을 알고(그 中 한 동무는 트럭 우에까지 올라가서 卒倒했다) 다시 監房으로 업혀 들어왔다. 이랬다가 結局은 五月 十五, 十六, 十七日에 걸쳐 놈들은 기여코 그때 轉監 計劃을 敢行하고 말었다.

머지 않어 푸른 옷은 너이들에

머지 않어 저이들 自身이 입어야 할 푸른 옷에 對한 憎惡와 恐怖에서 發惡的인 蠻行을 敢行한 것이다. 이래서라도 허물어져 가는 저이들의 權力을 維持하려고 한다. 이러한 무리들이 三八 以南엔 얼마나 많으냐? 그들이 依據하는 李承晩, 金九, 金性洙, 張德秀 等 韓民黨, 韓獨黨의 大韓놈들이 입으로 몸으로 三相 決定을 反對하고 朝鮮 人民의 幸福을 五尺 나머지의 分身에 독차지하려는 놈들이 가진 發惡해 가며 이젠 反託 政府를 세우기 爲해서 共委에 參加하겠다는 심보로 神聖한 共委에 秋波 보내는 꼴이라니.

敵이라곤 해도 왜 그리 지지리 못 생긴 敵들이냐. 反託, 反託하고 三相會議 決定을 決死反對하고 드디어 南朝鮮 單獨 政府를 세워보겠다는 뱃심으로 國際 民主 路線의 破棄 外交 行脚을 떠났든 따위, 白痴의 꿈을 꾸는 叛逆徒黨을 우리는 철저히 粉碎하며 共委 協議 對象에서 完全히 除外해야 할 것이다. 日本말을 잊었으니 나도 參加시켜 달라고 하는 놈들의 아양은 차라리 賣笑婦의 秋波만도 못하질 않느냐. 말쑥이 차린 옷자락 뒤에 숨은 꼬리는 제 아무리 遁甲의 秘訣을 자랑하는 여우일망정, 人民의 嚴肅한 透視엔 太陽 앞에 힘없는 등잔불이다. 놈들은 그래도 비위 뻔뻔스럽게 어딜 얼신거리느냐.

나는 이제 監獄에서 나와 놈들의 그 醜惡한 몸부림을 볼 제, 그 卑屈한 모습을 볼 제, 입때 偉大하고 거들하고 하던 氣高萬丈이 대체 어디로 그리 쉽사리 잠겨버릴 수 있는가가 疑心이 날 地境이다.

그러나 그것은 빠안한 일이다. 놈들은 가장 卑劣한 놈들이기 때문에 가장 尊大한 체 할 수 있는 것이다. 그러나 親日派, 親팟쇼 分子, 民族叛逆者의 무리들의 演劇쯤이야 人民은 顯微鏡 以上으로 細密히 科學的으로 觀察하고 分析하고 있는 것이다. 『意思 表示의 自由』도 이젠 놈들의 스스로 저지른 굴레에 묶여버릴 結果밖엔 아무 것도 없다. 놈들은 아마 울어도 시원치 않을 게다. 反託할 수 있는 나라로 가는 것만이 叛逆徒黨의 最後의 길일 것이다. 그들이 怯내던『行動의 自由』는 제 무덤을 더 깊숙이 헤어날 수 없는 구렁으로 만드는 것밖엔 이것도 道理는 없다. 監獄이란 實로 奇妙한 곳으로 생각된 것이다.

그러나 놈들은 스스로 敵을 기르고 强하게 하는 줄을 모른다. 우리는 무던히 죽고, 무던히 맞었다. 그래서 우리는 이젠 여간 죽고 맞는 따위는 으쓱도 않게 되었다. 이래서 우리는 屍體를 넘고 넘어 앞으로 前進하는 것이다.

나는 또 외친다. 우리 民族의 偉大한 指導者 朴憲永 先生의 逮捕令을 卽時 取消하라! 民主主義 愛國者를 無條件 卽時 一切 釋放하라!

李承晩, 金九, 金性洙 等 反託分子를 共委 協議 對象에서 除外하라!

싸우는 民戰 事務局長

裁判席上에서 하도 어이가 없어서 픽 하고 웃었다고 一個月 더 加刑을 받어 三年 一個月을 받고, 그날로 바로 監獄으로 넘어왔든 民戰 事務局長 朴文圭 氏는 가이 넘어온 安基成 先生과 함께 바로 三棟 獨房으로 配房되었다. 내가 만난 것은 그 翌日 아츰절이다. 키가 후리후리하고 살집이 없는 事務局長은 얼골이 가름한 편이요, 反動 謀略과 싸우노라고 광대뼈가 드러나고 있다. 댓뜸 느껴지는 것은 그 눈의 光彩다. 쏘는 듯한 눈길과 부드칠 때 그만 그 威勢에 눌리고 얼만큼까지 굽힐 줄을 몰으는 그 氣魄에 우선 唐惶하고 마는 形便이다.

머리를 빡빡 깍고 푸른 옷을 입은 朴 事務局長은 하얀 얼골들과 같이 억센 幄手를 하고 우리들은 運動場으로 나갔다. 各 監房에서 내다보는 동무들에게 손을 흔들며『나 朴文圭요』하고 소리를 높인다. 그날 바로 事務局長은 矯務課로 나가서 新聞, 雜誌를 받아야 한다. 原稿를 쓰게 해라, 담배를 내라, 中世紀的 輔導政策을 버리고 敎化 政策을 實施해라, 運動 面會 等을 자주 식히고, 私食物, 藥 借入의 自由를 保障하여 病保釋 制度를 確立하고 書籍 借入과 理論과 硏究, 라디오 聽取의 自由를 承認하라는 等의 監獄의 民主化를 主張함과 同時에 그들에게 完全히 宣傳布告를 하고 도라왔다.

事務局長은 스스로 音樂的 素質이 없다고 告白하였다. 그러나 朝夕으로 黙想과 노래를 간간이 行한다. 萬歲를 부를 때엔 유난히 후리

후리한 키에 두 손을 번쩍 들고 목이 터져라고 외친다. 惡質 官吏들의 반말찌거리를 大端히 못마땅해 하시며 도리어는 그 따위 짓을 못하게 만들었다. 끝까지 組織이며 不撓不屈의 情熱을 剛直한 몸 깊숙이 간직했다. 우리 事務局長은 이러다가 혼자는 잘 부르도 못하는 노래를 했다고 끌려나가 쇠고랑으로 가로 묶이고 개돼지처럼 얻어 마즈며 소리소리 그들의 肝膽이 서늘한 말을 퍼붓다간 그만 昏絕이 되었다. 겨우 獨房으로 끌려와서 또다시 卒倒했다. 蒼白한 얼골, 핏기 없는 입술, 手匣을 차고 拷問을 當한 채 不自由한 몸으로 겨우 엎다구니에다가 ㅁㅁ 精神을 차린 後에 事務局長은 作戰 計劃을 세우신다. 그리고 다같이 「解放의 노래」를 高唱한다. 가느다란 팔목에 번쩍이는 手匣을 뒤로 채운 채 事務局長은 꿋꿋이 斷食을 ㅁㅁㅁ 要求가 貫徹될 때까지 繼續하기를 主張하셨다. 그러면서도 一方 동무들의 健康을 念慮하시며 깊은 눈동자는 일일이 동무들의 얼골을 번갈어 살핀다. 自己의 健康은 아무러치도 않은 듯이.

獄中의 聖者 李觀述 先生

精版社 事件이 棄却되어 未決에서 旣決로 넘어오시든 그날로 李觀述 先生은 머리를 빡빡 깎으시고 溫和한 얼골로 나타나셨다. 잘막한 키에 先生이 주는 演說, 動作, 言語 等은 完全히 聖者이시다. 獄吏들도 先生의 聖者的 人格에 感歎을 禁치 못한다고 屢屢히 이야기한다. 李觀述 先生의 獄中 番號는 五番이시다. 看守들이 『五番!』하고 불르면 恭遜히 『네』 하고 對答하시는 데는, 獄吏는 그만 自己의 不遜에 얼골을 붉히고 만다. 運動마당에 나가서도 先生은 가장 熱心히 屈身運動을 하신다.

日光浴을 하실 때 옷을 다 벗고 가만히 앉어 계실 때에 나는 先生의 몸에 험상한 拷問자리를 보고 소름이 끼치는 것을 느꼈다. 先生은 어데까지나 말씀이 적으신 側이다. 必要없는 말은 絕對로 안 하신다. 언젠가 李舟河 先生이 하시든 말을 나는 記憶한다. 『내가 꼭 빵이 떨어질 만한 때면 觀述 동무는 딱딱해진 빵을 몇 個式 보낸다. 觀述 동무는 좋은 用度主任이다.』 또 官吏들은 말한다. 『李觀述 先生은 우리가 하라는 대로, 規則은 規則대로 꼭꼭 직히시는 데, 당신네들은 왜 그렀소?』

觀述 先生의 公判廷에서의 態度와 辯論은 이미 讀者께서도 아실 것이다. 先生의 沈着하고 規則的인 獄內 生活이 모든 獄吏와 收容者들에게 깊은 感化를 주고 말었다. 一般 雜犯들이 李觀述 先生의 말을 듯고는 어쩌다 先生을 뵈올 적엔 코가 땅에 닿도록 절을 하고, 先生의 健康을 묻고는 지나가는 것이다.

監房 안에서의 先生은 讀書나 執筆이 아니면, 嚴正한 姿勢로 깊은 思索에 잠기신다. 그 監獄 앞을 지날 때 우리가 先生을 찾으면, 얼른 뛰어나와서 配食하는 구멍으로 손을 내밀어 얼골 가득히 情愛를 품고 굳은 幄手를 해주신다. 다같이 노래를 할 때다. 先生은 크지 않은 목소리로 노래를 하시며 조곰치도 ㅁ하지 않으시고 萬歲를 부르신다. 宋彦弼 동무가 白髮 날리는 熱血의 愛國者라 표현한다면, 觀述 선생은 어디까지나 沈着하고, 親密하고, 計劃的이며, 組織的인 우리의 偉大한 指導者이시다.

이런 表現이 容恕된다면, 先生은 達觀한 石佛 같으신 분이다. 先生이 우리에게 주시는 指針은 嚴正 無比하다. 젊은 情熱이 激情에 떨면 先生은 正確한 一言으로 우리에게 啓示를 주신다. 獄中에서 우리 民族의 偉大한 指導者를 만나게 되었다는 데 對해선 한편 우리를 위해 믿음직하고 다른 한편 民族的인 憤恨에 獄內 同志들은 새로운 戰鬪를 가슴 깊이 覺悟하며 先生에게 이것을 無言으로 問議하는 것이었다.

白髮의 闘士 宋彦弼 先生

어데서 들려오는지 우렁찬 「解放의 노래」가 全 獄內의 空氣를 흔들고 들려온다. 모든 獄內 同志들의 神經은 瞥眼間 緊張되어 모두 便器 우에 올라서서 창밖을 내다본다. 노래 소리는 점점 가까히 온다. 이윽고 一行 十餘 名이 看守陣에 包圍되어 獄舍 모퉁이를 도라나오며 노래를 하늘 높이 부르고 온다. 푸른 옷에 보따리를 끌며 二列로 行進하여 오는 것이다.

마치 獄內 示威 같었다. 아아 이 十餘 名 同志들이 바로 棄却되어 넘어오는 精版社 事件 동무들이었다. 여기에 六尺 充分한 巨軀에 白髮을 날리며 가장 큰 목소리로 高喊치듯 노래하며 걷는 분이 있었다. 이 분이 바로 우리의 宋彦弼 先生이었다. 監獄 中央에 와서 머물은 동무들은 조곰 있다 雨雷聲처럼 『朝鮮 完全 自主 獨立 萬歲』 하고, 모오두 외치는 소리가 全 獄內를 흔들고 만다.

그 다음날 아츰이다. 宋彦弼 先生은 監獄을 오락가락하며 생각에 잠기신 모양이다. 『宋 동무 運動입니다』 하니, 『아 그럼 나가야지』 하고 나오셨다. 溫和한 얼골이다. 그리고 均衡이 잡힌 豪男이시다. 白髮을 날리며 떡 버티고 서있는 勇姿는 正義를 象徵하는 듯한 巨大한 威嚴을 준다. 『내가 罪人이 아닌 다음에야 머리를 깎을 수 없습니다』 하고 監獄 有史 以來 처음으로 머리를 깎지 않고 白髮을 나부끼며 宋 동무는 運動場으로 나왔다.

모두 반가운 우슴, 기운찬 信念, 타오르는 憤怒, 이런 것이 뒤섞인 感情으로 한참동안은 어쩔 줄을 몰라 했다. 各 監房에서 야단들이다. 밖을 내다보며 손을 흔들고, 소리를 치고, 試合場에 나온 選手에게 보내는 應援隊의 아우성에 恰似하다. 우리는 列을 지어 서서 運動 準備 態勢를 取할 때까지는 相當한 時間이 걸렸다.

그러자『우리 民族의 偉大한 指導者 李觀述, 宋彦弼 동무 萬歲』하는 喊聲이 이러났다. 刑務所는 벌컥 뒤집혔다. 宋 동무가 列 앞으로 뛰어 나서며『동무들! 우리 先烈 同志 모든 愛國鬪士에게 黙想을 올립시다. 黙想을.』,『다음엔「愛國歌」를 合唱하고 朝鮮 獨立 萬歲와 朝鮮 人民共和國 樹立 萬歲를 부릅시다.』하니까, 피끌는 가슴들이『옳소!』하고 呼應하자, 宋 동무는 손을 들어 콘닥터가 되섰다. 다음은 萬歲다.

이러니까 獄吏들이 달려와서 宋 先生을 불렀을 때 宋彦弼 先生은 확 뿌리쳐버리고 如前히 繼續하신다. 獄吏들도 여기엔 氣가 질려서 다시는 얼씬도 못하고 그저 멍하게 서있을 뿐이었다. 하늘 ㅁㅁ중이의 옷빛보다도 푸르렀다. 無數히 달려온 獄吏들 앞에서 우리는 힘차게 運動을 繼續했다. 다음날이다. 또 運動場에 集合이다. 어제와 똑같은 순서로 宋 동무는 白髮을 나부끼며 봄풀이 부르터가는 山과 붉은 담과 獄房을 앞뒤로 두고 손을 높이 들어 指揮를 했다.

그리고는 日光浴이라고 주저앉아서 獄吏들에게『너이들이 왜 愛國者를 彈壓하느냐? 이제 너이들에겐 利子까지 딱딱 처서 돌려보낼 테다.』正히 爆彈宣言이다. 宋 동무는 只今 大田에 계시다. 아마 白髮을 如前히 나부낄게다.

不屈의 鬪士 朴洛鍾 先生

監獄에서 朴洛鍾 先生을 만난 것은 病監에서다. 힌 두루막이에 후리후리한 키, 기ㄴ 입을 나는 언뜻 볼멜을 聯想했다. 그야말로 皮骨이 相接이다. 健康이 늘 좋지 못한 朴洛鍾 先生은 病監에 자주 出入하게 되었다. 그리고 入院하였다. 나하곤 바로 옆 房이다. 같은 監에 李舟河 先生이 계셨다.

그때 朴洛鍾 先生은 ㅁㅁ을 ㅁㅁㅁㅁㅁ오셨다.『現在 ㅁㅁ를 받았으니 천천히 하지. ㅁㅁ도 急하게 서두를 必要야 있나?』하시곤 그 獨特한 語調와 辛辣한 表現으로 썩어 저물어가는 反動 陣營과 모든 親日派, 民族 叛逆者, 팟쇼 分子들에게 對해 꺾일 줄 모르는 憎惡와 咀呪를 퍼붓는다. 걸상다리를 하고 발바닥을 어루만지며 이야기하시는 朴洛鍾 先生은 이렇게 보면 정말 볼멜 같이 생각된다. 아니 戒ㅁ는 ㅁㅁㅁ 길기도 하다.『九ㅁㅁ에 ㅁㅁ이 떨어졌다면, 玉ㅁㅁ에 ㅁㅁ 기들이 뼈도 없이 죽었을 게 아니냐?』이런 式으로 精版社 事件의 虛位 捏造한 事件의 眞相을 暴露하신다.

警察署에서 拷問받든 이야기며, 檢事 取調며, 이런 모든 것에서 餘地없이 그 矛盾性을 指摘하고 攻擊하는 것은 ㅁㅁ를 보다가 ㅁ旋風이다. 먼저 조용히 앉어 말없을 때엔 洛鍾 先生은 完全히 多情多感한 道學者같기도 하다.

그 다음에 만났을 때엔 旣決囚가 되어 머리를 깎고 푸른 옷을 입은

朴洛鍾 先生이다. 監房 換風口로 올려다 보이는 朴洛鍾 先生은 修道僧 같은 面貌도 있다.

그러나 그 입가에 머무는 ㅁㅁ이라든가, 緊張된 筋肉이라든가, 굽힐 줄 모르고 부닥뜨리던 噴火口처럼 吐해내는 눈에 ㅁ한 思想의 骨髓가 잠기는 것이다. 洛鍾 先生은 ㅁ的으로 看守들과의 衝突보다는 소크라테쓰式 ㅁㅁ가 많다. 그 監房 앞에는 반드시 看守가 붙어 서서 가슴을 두근거리며 또는 恍惚히 洛鍾 先生의 쇠살이 가는 方向을 바라보며 그 것이 관역板에 命中하는 ㅁㅁ的인 感激에 떠날 줄을 모르고 서있는 것이 일쑤다.

듣건대 요새 또 洛鍾 先生은 病監에 계신다 한다. 아마 健康이 大端히 좋지 못한 모양이다. 食慾도 잃었다고 한다. 洛鍾 先生은 宏壯한 愛煙家시다. 밥 한 그릇보다도, 술 한 사발보다도, 담배 한 대가 그리워 못 견디시는 분이다. 그놈이 있어야 滋味가 있고, 시원하고, 구수하다고 안타깝게 담배를 그리워하시는 분이다. 이건 아마 소크라테쓰가 毒杯를 받은 것보다 훨씬 더 큰 苦痛일 게다. 그러나 洛鍾 先生이 계시는 房엔 恒常 웃음이 사라지지 않는다 한다. 이것은 대체 무엇을 意味하느냐? 『愛國鬪士들을 卽時 釋放하라!』

熱火의 全馹玉 동무

全馹玉 동무의 일터가 民靑이었다는 것을 알면 馹玉 동무의 氣魄쯤이야 우선 ㅁㅁ만이라도 짐작할 것이다. 그러나 全馹玉 동무의 첫 印象은 親切 그것이요 謙遜하기 짝이 없다. 끔찍한 民族愛, 그 規律的인 徹底한 精神에 一般的으로 말이 적은 동무다. 慶尙道사투리로 ㅁㅁ히 ㅁㅁ나가는 馹玉 동무의 理論은 그의 過去의 實踐的인 反日鬪爭에서 나오는 頑固한 그리고 놀랠만한 것이었다.

馹玉 동무의 獄內 鬪爭은 참으로 熾熱, 果敢하기 그의 옆을 겨눌 사람이 적을 것이다. 서울刑務所長이 그의 中大 法學部 一年 先輩라는 것은 偶然한 일이다. 이들과의 싸움은 完全히 突擊戰이다. 그의 굵은 목소리, 목이 쉬도록 외치는 高喊이 마치 소름처럼 宏壯해지던 때도 적지 않다. 한 번 옳다고 생각한 일이면 限死코 實行하며 어떠한 ㅁㅁ保ㅁ 토치카를 勿論하고 期於이 뚫고 나간다. 이건 完全히 이글이글 끓어닳는 불덩이지마는 아니 그보다도 더한 熱의 元素일 것이다.

前日 獄內에 全馹玉 동무를 찾어온 사람이 있었다. 그 분이 바로 全馹玉 동무가 投獄 前에 그 밑에서 일 보아 왔고 그 분의 全馹玉 동무에 對한 信任은 絕對한 것이었다. 이 분이 바로 呂運亨 先生이다. 別個 面會를 請해 온 것이다. 馹玉 동무는 처음에 面會를 拒否했다. 만날 必要가 없다는 것이다.

『呂 先生과는 이미 이야기할 아무 것도 없다.』

이것이 拒否 理由다. 그러나 드듸여 所長室 옆 홀에서 만났다.

勿論 처음엔 人事를 交換하고 健康을 뭇고 하며 呂 先生은 獄中의 가장 사랑하는 全 동무를 아라보지 못하였다. 少年時的인 데로 談話는 흘럿다. 그때 駟玉 동무는『先生님은 왜? 自己ㅁㅁ을 합니까? 先生은 맑스主義者가 아닙니다. 맑스主義者라고 하시면 이렇게 그의게 옳지 못헌 路線 抛棄를 허겠습니까? 自己批判하십시오. 그러기 前엔 저는 先生님과 말씀할 아무 것도 없습니다. 이렇게 찾어주신 데는 大端히 感謝합니다.』고, 答은 至極히 簡單明瞭하다.

呂 先生은 얼골을 붉히고 몇 마디 말로 健康에 留意해달라는 말을 남기고 이 面會는 끝이 났다. 駟玉 동무는 後日 呂 先生과의 面會는 할 必要없는 것이었다고 後悔한다는 말을 나는 直接 들었다.

呂 先生은 그리고 돌아와서 어느 近者가 말하기를『朴憲永 先生이 偉大하다는 것은 인제 정말 똑똑히 알았다. 젊은 그처럼 純眞한 젊은 靑年들의 絕對的인 支持를 받고 있는 데는 果然 놀래지 않을 수 없다.』고, 屋內에서의 駟玉 동무는 獅子와 같이 高喊치며 獅子와 같이 싸운다. 지금은 大田刑務所에.

偉大한 朝鮮人 李舟河 先生

코 밑에 가조롱히 난 거문 수염, 꽉 다물은 입, 번쩍이는 눈, 이 눈은 참으로 敬歎할만한 光망을 가졌다. 조금 기른 感을 주는 얼골, 중키, 剛直한 骨格, 어느 모로 보든지 티잡을 수 없는 豪男이시다(惑 失禮일른지 몰라도 그러나 이건 事實이다). 人格者! 이것이 누구나 받는 率直한 衝動이다. 半平生을 民族解放運動에 바친 先生의 風貌엔 역역한 偉大한 政治家로서의 星霜이 주름을 잡고 있다.

일찍이 李舟河 先生은 文學靑年으로 出發하셨다. 「金時計」, 「前科者」 等의 小說 作品이 있다. 지금은 아까운 原稿는 先生의 손으로 찢기우고 없어지고 해버렸다. 先生은 말하신다. 『그 時代엔 그런 消極的인 行動으로써 抑壓에 呻吟하는 悽慘한 民族을 救해낼 길이 없었다. 그래서 나는 文學을 팽개치고 政治運動者로 나섰든 것이다.』 그래도 先生은 훌륭한 文學者이시다. 굳은 그의 意志, 타는 듯한 情熱이, 온몸이 民族과 함께 呼吸을 한다. 人民의 幸福을 爲해서는 어떤 길이라도 좋다. 이것이 至上命令이다.

끝없이 대면은 正義感 한 點의 티끌조차 없는 맑은 人民的 良心, 이러한 모든 것이 先生을 빛내게 하고, 先生을 ㅁㅁ한다. 富平으로 끌려가서는 알 수 없는 注射에 볼서리를 치신 先生은 『끝까지 祖國을 사랑하는 純潔한 朝鮮 사람으로서 죽는 것이 차라리 無償의 榮光일 것이다.』 이렇게 悲愴한 宣言과 함께 先生은 斷食을 하셨든 것이다. 朝鮮

人民의 한 사람으로 그 最後를 맞겠다는 말! 이 얼마나 至當하고 聖스러운 길이냐?

李舟河 先生이 病監에 계실 때 나는 같이 자면서 先生에게 끝없이 솟아나는 敬意를 禁치 못했다. 先生이야말로 偉大한 朝鮮人이시다. 이것이 무엇보다도 가장 偉大한 것이다. 監房에서의 李舟河 先生은 아침 일직이 일어나서 손걸레질, 비질을 말끔히 하시고, 病들어 辛苦하는 모든 사람에게 親切히 慰勞하시고, 看病하고, 틈 있는 대로 政治 路線에 對한 正確한 ㅁㅁ을 하시고 한시도 無邪히 지내는 일이 없다.

이 房에 같이 ㅁㅁㅁ 人間이 있었다는 것은 興味로운 일이었다. 舍監의 말이 李舟河 先生 ㅁㅁ 동안 ㅁㅁ的인 ㅁㅁㅁ는 것이었다. 이 房엔 反動 陣營에서 그야말로 ㅁㅁㅁㅁ를 내밀고 드리는 牧師네, 獨促 中央委員입네 하는 무리들이 많었다. 오늘도 先生의 말씀엔 ㅁㅁㅁ 없는 것이었다.

看守들, 課ㅁㅁ 幹部들까지도 李舟河 先生의 一言一行에 深刻한 感化를 받는 것이었다. 偉大한 朝鮮人은 한없이 人間다우며 앞으로 ㅁㅁㅁ이신 ㅁㅁㅁ이다.

偉大한 勞働者 許成澤 동무

朝鮮 勞動運動을 指導하고 團結시켜 드듸여 朝鮮勞働組合全國評議會를 結成하고, 이 全評이 世界勞聯에 堂堂 加入하게 되도록 꾸준히 그 先頭에 나서서 敢然 鬪爭하든 얼굴과 咸鏡道 사투리로 우리의 눈앞에 익숙한 우리의 偉大한 勞働者 許成澤 동무. 許成澤 先生이 監獄에 들어오셨다는 말은 千斤의 무게로 가슴을 내려누르고 주먹을 쥐여 떨게 하였다. 이 偉大한 勞働者 앞에 朝鮮의 數十萬 勞働者는 그의 號令 하나로 목숨과 自由를 바꾸자는 決意로 勇敢히 나아가는 것이다.

昨年 九月의 咸鏡道 總罷業이며, 今年 三月 二十二日의 二十四時間 罷業은 朝鮮 民族의 民主主義的 發展을 全世界 民主主義 앞에 朝鮮 勞働運動의 偉大性을 優秀한 力量으로서 證明하였든 것이다. 이것은 許成澤 동무가 領導하는 그 力量을 證明하는 것이다.

許成澤 동무의 거문 얼골은 監獄에서도 히여지지는 않었다. 咸鏡道 사투리는 더 抑揚이 뚜렷해지며, 憎惡와 憤怒에 찬 목소리는 銃알보다도 무서웁게 敵을 享해 날러가는 것이다. 巨大한 體軀는 이거야말로 鋼鐵 같은 것이다. 日帝의 野蠻 政策下에 이미 十餘 年을 監獄에서 보냈던 勞働者 許成澤 동무는 只今도 監獄에서 익숙한 「監獄法」과 더 一層 부푸러오르는 賣國奴輩에 對한 憎惡로 如然히 싸우고 있는 것이다.

許 동무가 投獄되었다는 事實이 投獄된 數百의 勞働者 동무들에게 미치는 直接 間接의 影響은 至極하다. 許 동무는 監獄에 들어와서도 무

엇인지(아마도 十月 罷業에 對한 것) 날마다 刑事들의 取調를 받었다. 나는 取調라는 말에도 憎惡를 느꼈다. 이것은 모든 敵과 敵의 앞잽이가 縱橫으로 휘두르는 武器이기 때문이다.

許成澤 동무는 感氣 들어 몸에 붕대를 감고 病監에 있었다. 나는 그의 무서운 손을 쥐였다. 이 손에서 우리는 새로운 무엇을 말없이 交換하는 것이다. 斷食鬪爭 때다. 許成澤 동무가 나의 刑務所 當局者에게 徹底한 攻擊을 한다. 『무슨 놈의 낯짝으로 너이들은 人民들 앞에 사과하려느냐? 日本놈 아닌 日本놈들 아니고 무엇이냐?』

勞働者의 목소리는 높아지고 熱에 차서 듯는 사람마다 全身의 뜨거움을 느낀다. 敵들은 어쩔 줄을 몰라서 안절부절하는 것이다. 마구 肉迫하는 偉大한 勞働者! 이제는 제 아무리 토치카라도 허물어지고 만다. 世界勞聯에서 指名 招請을 받은 許成澤 동무는 아직도 푸른 옷을 입고 監獄에 있다. 나는 듯는다. 『偉大한 勞働者 許成澤 동무를 釋放하라!』 朝鮮의 勞働者, 人民은 부르짖는다.

靑年司令官 李赫基 동무

赫基 동무는 나왔다. 所謂 軍政 違反者의 出獄이란 그럴듯한 口實로 겨우 몇몇 동무가 나오게 된 동무 中의 하나다. 그러나 出獄은 했을지라도 豫定대로 靑年司令官의 獄中의 모습을 그리기로 한다. 첫째, 몹시도 沈着한 것이다. 그야말로 靑年이 가지고 있는 情熱을 그의 굳은 意志로 克服한 곳에서 그의 沈着性은 이루어진 것이다. 그의 教養에다, 軍隊的인 訓練의 陶冶로서 形成된 그의 人格이 强力한 鬪爭力을 發揮한다.

그의 獄內 鬪爭은 퍽 組織的이고 計劃的이다. 그러나 그의 旺盛한 鬪爭意識으로 말미아마 그의 獄中 生活은 大部分이 獨房 生活이다. 煽動이다, 暴動 計劃이다 하는 따위의 口實로 그는 맡어 놓고 獨房 生活을 했든 것이다. 一二個月 出役하다가는 또 獨房, 이렇게 그의 屋內 鬪爭은 熾熱하기 짝이 없었다. 일즉이 城大 學部에 있다가 그의 二年 在學 中에 學兵으로 끌려나가서 日本에 있다가 南洋 方面으로 移動되게 되었다.

그는 이 틈을 타서 脫走하여 故國으로 도라와서 숨어 지내다가 解放을 맞은 뒤, 그의 軍事的인 關心과 決意가 國軍準備隊를 組織하고 朝鮮人民共和國의 國軍의 準備隊로서의 訓練을 식혀오든 次에 軍事ㅁㅁ 解散 問題에 依해서 不當히 投獄되었든 것이다. 그의 組織的 力量이란 이미 國軍準備隊의 總司令官으로서 充分히 그의 實力을 窺知시켰다.

中키에 갸름한 얼골, 굿게 다물은 입, 바꾸지 않는 말, 곧은 거름걸이, 그는 出役하고 있을 때 아침저녁으로 房을 드나들 때엔 鐵窓 밖을 내다보는 數많은 同志들에게 多情한 손을 흔들었다.

우리는 그를『赫基 동무』하고 불렀다. 그는 가장 믿을만한 그리고 가장 씩씩한 獄內 同志의 意思로서 刑務 當局과의 交涉委員이다. 看守들은 말한다.『나는 李赫基란 사람이 나ㅅ살이나 얌전히 먹은 人格的인 軍人인 줄 알았다. 그러기에 그 커다랗고 有名하든 國軍準備隊의 總司令이나 되지 하는 생각을 했다.』그리고 또 다른 看守도 말한다.『그렇게 젊은 사람인 줄 몰랐다. 젊은 사람이 어쩌면 그리 沈着할 수 있는가. 나는 정말 놀랐다.』

三十 前後의 靑年司令官 李赫基 동무는 卽 五十代의 老鍊한 鬪士에 比肩하다. 迷色은커녕 오히려 그들의 앞을 걷고 있는 것이다. 나는 여기서 偶然히 金日成 將軍이 六七十의 老將軍으로 알고 있든 一般 人民의 疑訝와 感歎을 聯想한다.

그는 軍事的 訓練에서 얻은 體驗에다가 獄內 鬪爭에 있어서의 果敢한 鬪爭意識과를 結合하여 그의 今後로의 鬪爭은 그를 사랑하고, 그를 尊敬하는 모든 사람들에게 當然히 莫大한 期待를 갖게 하고 남음이 있다. 이미 李赫氣 동무는 본『文化日報』를 通하여 全人民에게 嚴肅히 自己 使命 達成을 盟誓한 것은 그의 出獄 後의 第一步를 기쁨으로 맞이하는 바이다.

불타는 愛國心의 無名鬪士들

눌러도 짓밟어도 엄청나게 일어나는 革命 勢力은 敵에게 不安과 焦燥를 더하게 하여 드듸여는 發惡的인 神經質的으로 테로를 敢行함에 이르렀다. 좁은 監房 안에서 더위와 추위, 惡臭, 饑餓에 시달리며 非人道的 蠻行으로 彈壓과 拷問을 當하는 數없는 愛國鬪士들이 있다. 이들은 大概 부처질 수 있는 가진 罪名이 씨워져 있다.

『布告令』 二號를 爲始로 日帝가 그 强盜的 頭腦를 傾注하여 만들러 놓은 法律인 民法, 刑法에서 最大限度로 適用되고, 또 軍政布告令이란 새로운 그리고 廣大無比한 範疇에 얽매여 投獄된 불타는 情熱로 오로지 祖國의 自由와 人民의 幸福을 爲하여는 生命을 즐거움으로 던지겠다는 愛國鬪士들이 푸른 옷을 입고 房마다 가득가득히 들어찼다. 나어린 民靑 동무며, 學統 동무, 勞働者, 農民, 인테리, 小市民, 우리 民主陣營을 燦然히 構成하고 있는 모든 階級의 동무들이 헤아릴 수 없다.

쌀을 달라고 하다가, 삐라를 뿌리다가, 民靑 構成式이 無許可 集會로, 學統의 報告大會가 亦是 無許可 乃至는 다른 罪目으로 한없이 밀려드는 罪名이 愛國者의 全身에 鐵쇠를 감어 놓고 만다. 이러한 동무들은 監獄에서 한層 더 굳세여져 간다. 毆打를 當하면서도 萬歲를 부르고, 指導者의 일홈과 더부러 朝鮮人民共和國 樹立 萬歲를 絶叫하는 것이다.

全獄的으로 展開되고 있는 處遇 改善 鬪爭에 우리가 應當 받어야 할

人間的인 民主主義的 改革을 爲하여 싸우고 있는 것이다. 罷業鬪爭에 들어온 勞働者 동무들, 人民 抗爭에 投獄된 抗爭의 英雄들, 이들은 힘찬 목소리를 합쳐 朝鮮 人民의 幸福을 좀먹는 叛逆徒黨에 對한 徹底한 掃蕩戰을 하고 있는 것이다. 그들은 그들이 目擊한 동무들의 주검, 더운피를 흘리며 쓰러지는 동무들의 最後의 말없는 聖스러운 光景을 눈앞에 그리며, 警鐘처럼 울려오든 最後의 말에 다시금 새로히 武裝하는 鬪爭이 展開되는 것이다.

이 불이 祈願하는 共委의 成功은 屋外의 어떠한 同志들보다도 烈烈하고 懇切하다. 歷史的인 巨大한 潮流는 앞서 다녀간 先輩 革命 鬪士들의 뒤를 밟어 묵묵히 莊嚴하게 形成되는 것이다. 무서운 것 하나도 없다. 當하고 또 當하는 毆打, 拷問으로 말미아마 우리의 가죽은 두터워지고, 여간쯤의 暴虐으로는 으쓱도 하지 않는다. 이래서 우리는 屍體를 넘고 넘어서, 앞으로 앞으로 꾸준하고 熾熱한 鬪爭 隊列은 進擊하는 것이다. 동무들은 아우성친다. 『卑怯한 놈은 갈랴면 가라…….』 그리고 노래 부른다. 『怨讐와 싸워서 죽은 우리의 주검을 슬퍼 말아라…….』

開幕 劈頭 感激의 바다

그리 크고 높지 못한 大生座 앞에 세워진 붉고 푸른 無數한 花環들엔 各己 보내온 團體의 名稱과 文化工作隊를 歡迎하는 글들이 씨워 있었읍니다. 아마도 일즉이 서울에서도 보지 못하든 글과 無數의 花環이며 또한 釜山에선 毋論 有史 以來 처음의 盛況이었습니다. 一時부터 열리는 마치 네에 十時頃부터 밀려들은 數千 觀衆들은 超滿員을 이루고 大部分은 入場을 못하고 도라갔읍니다. 幕이 열리기까지엔 許多한 支障과 妨害工作 等의 難關이 있었든 것입니다. 이로서 겨우 두 時를 지난 무렵에야 幕이 열리고 一部로 드러가기 前에 慶南 許文一 代表가 開會辭를 한 다음 全員 登場으로 解放의 노래와 共委 祝賀의 노래의 合唱에 이어 舞踊의 朴勇虎 氏의『解放』과 文藝峰 氏와 林和 氏 作인「높은 山봉우리마다」의 詩朗讀이 歡呼聲으로 拍手로 喝采를 받고 이어 張秋華 氏의 舞踊이 全群衆을 感激하여 恍惚케 한 다음 弟가 朴憲永 先生을 노래한「당신의 일홈을 불으면」을 朗讀한 뒤 金想民 氏의『流浪의 樂人』이란 舞踊이 있은 後 吳章煥 氏의 詩朗讀으로「勝制의 날」이 絕讚을 받고 觀衆의 大部分인 小市民과 婦女子들의 憾情이 不知不識間에 緊張과 興奮에 차올랐슬 때 太乙民 氏와 金東圭 氏의『꿩打令』漫談으로 場內는 俄然 우슴의 바다가 되었든 것입니다.

第二部는 音樂으로 姜張一 氏의「義勇軍의 노래」「불가희 뱃노래」다음엔 韓平淑 氏의「ㅁㅁ가」「봉선화」가 小市民을 울리고 鄭ㅁ吉 氏의「

南朝鮮 兄弟여 잊지 마러라」를 完全히 이곳 人民 抗爭의 根源地인 嶺南 人民의 感激을 먼저번 文藝峰 氏가 朗讀한 「높은 山봉우리마다」와 함께 뒤흔들어 놓았읍니다. 그리곤 演劇으로 드러갔읍니다. 三幕으로 잘른 『偉大한 사랑』이 街臺에 걸려졌습니다.

開幕 劈頭부터 터져나오는 拍手와 歡呼로 客席과 舞臺는 숨가뿐 完全히 融和된 雰圍氣 속에서 같이 怒하고 즐거워하고 눈물짓고 하며 모두 마음들이 새로운 覺悟를 하며 주먹을 쥐는 것이었읍니다. 죽을 듯이 조용한 ㅁㅁ된 場面이라든가 ㅁㅁ ㅁㅁㅁ 고함치며 ㅁ를 불으며 拍手를 하든 勞動者와 學生과 靑委民 그리고 小市民들은 소리를 내여 느껴 ㅁㅁㅁ있었읍니다.

우리 隊員들은 다시금 솟아올르는 ㅁㅁ에 自己를 ㅁㅁ하여 스스로의 ㅁㅁ들을 굳세이며 ㅁ熱을 ㅁ이듯 서있었습니다.

이렇게 낮에도 밤에도 올리나리는 ㅁㅁㅁㅁㅁ喜悅로 公演을 마치고 四分隊로 나뉘여진 ㅁㅁ을 ㅁㅁ할 共靑員들에게ㅁㅁ 받으면서 ㅁㅁ을 ㅁㅁㅁㅁㅁㅁㅁ하며 ㅁㅁ가 ㅁㅁㅁ ㅁㅁㅁ ㅁㅁ ㅁㅁㅁㅁ보 ㅁㅁ ㅁㅁㅁㅁ ㅁㅁㅁ ㅁㅁㅁ ㅁㅁㅁㅁ ㅁㅁㅁㅁ 우리들은 한 時ㅁㅁ 모오두 기쁜 얼골들을 對하게 되었읍니다. ㅁ日 찾아오든 各社會團體 代表를 文學ㅁㅁ을 民戰ㅁㅁ 우리는 殺到하는 面會를 拒絶하지 않으면 안 되였읍니다. 男女老少를 不拘하고 시를 써오신 先生님네를 만나겠다고 名銜을 내밀고 感謝를 다하고 甚至於는 哀願하듯 히는 ㅁ도 든 사람들을 그냥 돌려보내는 ㅁㅁ면 없었든 것입니다. 第二日의 公演이 끝나자 우리들은 ㅁㅁ로 떠나기로 했읍니다.(文化工作隊 慶南隊 第二信)

나의 시「三月」

三月

푸른 물 江가에 무심히 쌓노은 모래山인 양
붉은 담 넘어로 바라보이는 山이여 하늘이여

나무 한 포기 없는 黃山 잔등에
하이얀 구름 날고 구름밖에 가물가물 사람이 간다

꿈속처럼 들려오는 아해들소리 새소리
限없이 맑고 맑은 우리의 하늘
파아란 하늘이여 눈이 부시구나

窓밖에 봄
三月의 바람이 흐른다
바람 따라 祖國으로 퍼지는 내 마음이사
닭의장같은 鐵鋼과 굵다란 쇠기둥도
어쩌질 못 하는구나

『앉어서 죽노니 서서 싸우자』는 동무

붉은 旗ㅅ발에 덮여 가슴속에 무치고
새로운 世代로 달리는 젊은이

간다
祖國이 부르는 길로 사랑이 넘쳐
스물다섯의 젊은 나는 간다

동무여!
『盟誓』라 너무나 낡은 文字가 아니냐
우리들 손잡고
다만 말없이 가기만 하자

窓밖에 봄
三月의 太陽이 빛난다
뜨거운 뜨거운 동무들의 노랫소리
담베락을 흔들며 들려오고
고흔 소리 재잘대며 미끄러지듯 새들이 날른다

房구석에 가만히 트러박혀선 도모지 견딜 수 없다. 그 房이 아무리 단양하고 아담하고 아늑하다고 할지라도 말이다. 너무 트러백혀 있으면 便秘가 생기고 술 醉한 듯 어지러워 頭痛을 느끼고 甚하면 一種의 神經衰弱이 될 充分한 可能性이 있는 房에만 선비然하니 들어앉었는 것은 나의 生梨에 反逆하는 行爲다. 내게는 運動 不足이라서 消化不良이 되는 법은 없다. 消化不良症이 있는 것은 뜻아닌 留置場사리에 얻어온 알뜰한 胸物이다.

걸어야 하고 먹어야 하듯이 견딜 수 없는 生理的인 面에서 생각하고 노래하고 노래하며 생각하는 것이 나의 詩다.

生活이 곧 노래가 되어야겠고 노래가 곧 生活이어야겠다는 것이 나의 詩論이다. 얼마든지 쏘다니고 모자라 뛰어댕기다가 小委 房엘 그러가면 거긴 곧 잠자리다. 그러기에 나의 노래는 大概가 길에서 생각되어 오르고 중얼중얼 노래하며 되씹으며 만드러지는 것이 나의 詩 製作 過程이다.

어쩔 수 없는 것, 참을 수 없는 것, 잡을 수 없는 것, 우리의 生活을 成育하고 干涉하고 욱박질르고 치고 패고 짓밟어 으스러트리는 不當한 것들과의 最後의 肉迫戰이 우리의 全生活이오, 이러기에 노래보다 먼저 生活이 있기에 이러한 生活이 노래로 하여금 벅차게 흘르게 하지 않고는 있지 않기 때문에 나의 노래는 우선 憤激과 突進에만 읊어지는 것이다.

眞實이란 가장 자기 生活에 充實한 것을 말할 것이다. 자기 生活에 充實하다는 것은 全人民的인 生活을 가르침은 千萬번 勿論이다.

全人民的인 生活 現實이란 곧 나의 情熱의 源泉이오 나의 理想의 胎盤이고 나의 希望의 生産地다. 이것이 나의 人生觀이고 나의 詩의 基本 原則이다.

跋

낡은 장옷은 벗어 던지려고 했다. 그러나 쉽사리 던져지지는 않았다. 너무나 몸이 뼈에 깊이 배여 있었다. 그래 아예 낡은 思念과 쑥스런 즐거움을 깎아서 파묻어 버렸다. 나는 젊은 놈이다. 옛날쯤이야 묻어버려도 슬프진 않다. 未練도 아까움도 없다. 다만 부끄러움이 있을 뿐이다. 부끄러움을 씻는 길은 앞으로의 나의 行動에서 나타날 것이다. 나도 어렸을 때엔 典型的인 小市民이었다. 感傷的인 少年이었다.

그러나 시방은 다르다. 詩人이 되기는 바쁘지 않다. 먼저 徹底한 民主主義자가 되어야겠다. 詩는 그 다음에 써도 充分하다. 詩人은 누구보다도 먼저 眞正한 民衆의 소리를 傳하는 사람이어야 할 것이다. 透徹한 民主主義자가 된다는 것은 人民을 爲한 戰士가 되는 것이다. 나의 詩다운 詩는 今後의 課題이다.

나는 젊다. 나는 努力할 것이다.

이 시집 『窓』은 나의 지난날의 片鱗이요 앞으로의 指向의 意味에서 보아진다면 多幸이다.

四部로 分類한 것은 年代順으로 한 것은 아니다. 이 21편의 詩는 解放 前의 것 몇 篇과 解放 後로는 1945年 9月로부터 1946年 6月까지의 詩와 그리곤 1947年 9, 10月의 詩를 篇篇히 섞어서 끼어 놓았다.

1946年 6月로부터 1947年 9月까지의 詩는 따로 모아서 한 卷의 詩

集이 準備되어 나의 獄中作과 그 外의 作品이 收錄되어 이 册보다 먼저 나오기로 되었던 것이나, 不得已한 事情으로 後日로 미루고 시집『窓』이 먼저 햇빛을 받게 된 것이다.

詩集『窓』은 나의 人民의 한 사람으로서의 自覺이며 나의 出發點이다.『窓』을 내놓으며 은근히 바라는 마음은 民主主義의 길에 引導할 수 있는 試圖가 될 수 있다면 하는 마음이다.

끝으로 이 册에「序文」을 주신 一雲 先生과 나를 지극히 아껴주시며 勇氣를 더해 주시는 畏兄 玄德 氏와 바쁜데도 불구하고 詩集 原稿의 整理 淸書를 해주신 同志 朴贊日 兄과, 病故와 奔忙을 무릅쓰고 裝幀해주신 同志 朴文遠 兄에게 깊은 尊敬과 感謝의 뜻을 表하는 바이다.

1947年 12月 15日 著者

序

八·一五 以後 우리 詩壇은 새 詩人 젊은 詩人의 獨舞臺이었다고 해서 지나치는 말은 아닐 것이다. 새로운 時代의 始作이 가져다 준 이 엄청난 感激은 詩가 되기에는 너무나 벅찼으며, 그 振動 속에서는 불꺼진 火爐처럼 싸아늘해진 낡은 詩人의 모지라진 붓끝으로는 生心도 못했고, 오직 氣魄과 情熱만이 危險을 敢行할 수 있었던 것이다.

『五月의 제비처럼 날고 섰던』 靑年詩人들의 『반가워라 이 노래를 어이 다 불르오리』 하며, 『山脈처럼 부풀어오르는 血管을 웅킨채 마구 마구 달려가는 情熱과 歷史的 使命을 警覺하고 歷史의 부름 앞에 일어나』 憤然히 前衛部隊에 뛰어드는 靑年詩人들의 『동무들의 앞장을 서서 미칠 듯이 달려가』는 氣魄만이

억수로 나리는 陽光 아래
요란히 흔들리는 數萬의 손과
아우성치는 同胞의 高喊속에
號令하는 將軍처럼
노래할 수 있었던 것이다

— 林和의 詩 「獄中의 俞鎭五 君」

이는 氣魄과 情熱의 詩人, 詩의 肉彈이라는 民主 靑年 俞鎭五 君의 詩

集이다. 君이 내 앞에 이 詩集을 던지며 序文을 쓰라고 조른다. 느닷없는 注文에 나는 망설였다. 왜 나를 골랐을까? 兪 君은 나와 親分이 그리 없다. 一二 次 面識이 있을 뿐이다. 허나 남이 다 아는 정도로 나도 朝鮮 人民의 한 사람인 程度로는 잘 안다.

兪 君은 名譽스러운 人民의 桂冠詩人이다. 詩를 原子彈보다 무서워하는 무리의 화살을 陳頭에서 받은 尖兵이다.

그의 詩의 奇巧를 말치 말자. 말총으로 콩을 얽듯 手巧만을 내세우며 잦아져버린 귀먹어버린 낡은 詩人이야 偉大하거니 우리에게 무슨 소용이 있으랴. 素朴한 채로 말을 고르고, 깎고, 꺼슬꺼슬한 털을 채 다 따우지 못한 채로라도 우리에게 소리쳐 달라. 보라 祖國의 하늘을! 저 퍼런 하늘 아래 어디 노래를 아니코 견디겠느냐? 자꾸 불러라. 가락을 다듬을 겨를이 없다.

이 詩 속에 技巧를 부리려고 해서가 아니다. 擬裝된 말, 꼬부려 붙인 말, 直言을 삼가고 돌려다대는 말이 상기 자리를 부지하고 있음을 탓하지 말자. 이는 悲鳴조차 지르지도 못하고 휩쓸려가서 지난날의 슬픈 日課를 反芻케 하는 무리와 橫暴가 우리를 둘러싼 이 現實을 꾸짖고 분쇄할 일인 것이다.

또 이 詩集에 當然히 들어 있어야 할 詩篇, 들지 않으면 아니 될 詩篇이 들어 있지 못한 것은, 實로 이 詩集 主人만의 痛憤이 아닐 것이요, 또 이 序文이 無名한 나에게까지 천신이 오게 된 것도 또한 이 詩集 主人만의 悲哀가 아닐 것이다. 서로 말치 아니하였으나 서로 짐작하는 나머지, 날후에 이런 이야기를 주고받을 때가 있을 것이 믿어진다.

1947年 12月 24日 曺雲

부록

해설

'꽃과 자유와 정말로 자유로운 자유'의 시인
— 유진오론

최명표

Ⅰ. 서론

해방기의 문학적 논의는 정치적 상황의 영향으로 민족문학 건설이라는 이념의 설정 문제로 초점화되었다. 정치가 민족문학운동전선의 확대를 통해 이념적 확산을 시도하면서, 문학은 작품보다는 운동으로서 존재하게 되었다. 시인들은 각종 행사에 적극 참가하여 '분노의 언어'로 해방기의 사회적 현실을 재현하고, 민중들의 정치적 욕구를 작품 속에 반영하기 위해 노력했다. 시는 수시로 개최되는 정치적 집회에서 시대 상황에 대한 기민한 대응력을 앞세워 청중들을 효율적으로 결집하고, 정치적 이데올로기를 전파하는데 효과적인 수단으로 인식되었다. 그런 까닭에 문학의 본질적 국면에 대한 논의는 세력을 형성할 수 없었고, 시인들은 저마다 정치적 신념을 선택해야 하는 사태에 직면했다. 이러한 시대적 형편 때문에 당시의 시작품에서 서정성을 찾아보기 어려웠고, 해방기 시사의 서술 과정에서도 사정은 마찬가지였다.

유진오(無軒 俞鎭五)는 해방기에 '육탄시인', '인민의 계관시인'으로 불렸던 행동파 시인이었다. 이러한 칭호는 그의 정치적 효용성에 주목했던 좌익문학 진영에서 붙여준 한때의 허사에 불과하다. 지금까지 제출된 연구물들은 대부분 유진오의 시에 나타난 효용적 측면을 중심으로 논의했다.[1] 또한 편향된 이데올로기의 잣대로 역사적 접근을 시도하는 연구자들은 한결같이 경직된 관념과 정치적 편향이 심화된 시세계를 지닌 시인으로 폄하했다.[2] 이러한 선행연구들은 꼼꼼한 작품 분석에 기반을 둔 공정한 평가라기보다는, 연구자가 특정한 결론을 도출하기 위한 심정적 추단에 의해 결과된 것이다. 유진오의 시를 긍정적으로 평가하는 연구물들은 그의 작품성보다는 정치적 신념을 실천하는 행동성에 압도당했고, 부정적으로 언급한 연구물들은 작품성보다는 시인의 정치적 행태에 집착했다. 두 관점 모두 유진오의 시에 드러난 작품성은 논외로 하고, 그의 실천지향적인 행동에 초점을 맞추는 오류를 범한 것이다.

유진오가 정치적 신념을 체현하고자 노력했던 시인인 것은 부인할 수 없는 사실이다. 그러나 모든 문학 작품은 현실적으로 정치적 조건 속에서 쓰인다는 사실을 고려하면, 그의 시를 획일적으로 정치지향적 작품인 양 범주화하는 태도는 온당하지 못하다. 더욱이 그의 시작품 전량을 살펴보면, 정치적 성향이 뚜렷한 작품은 소수에 그치고 오히려 대

---

1. 오성호, 「무기로서의 시」, 윤여탁 · 오성호 편, 『한국현대리얼리즘시인론』, 태학사, 1990, 236-253쪽; 유성호, 「유진오론」, 『한국 현대시의 형상과 논리』, 국학자료원, 1997, 210-231쪽; 이승원, 「유진오 시의 행동성」, 『현대시와 현실 인식』, 한신문화사, 1993, 86-90쪽.
2. 김용직, 『해방기 한국시문학사』, 민음사, 1992, 228-231쪽; 권영민, 『한국현대문학사』, 민음사, 1995, 67쪽.

다수 작품들은 서정적 경향을 띠고 있다. 따라서 그의 시세계를 온전히 파악하기 위해서는 두 가지 측면에서 접근해야 할 필요가 있다. 하나는 실천적 측면으로, 해방 후 자신의 정치적 신념을 실현하고자 민족문학운동전선의 전면에 나섰던 그의 행동에 대한 객관적인 접근이다. 다른 하나는 정서적 측면으로, 그의 시작품 속에 표현된 서정적 세계에 대한 분석적 접근이다. 두 가지 측면에서 접근한 성과를 한데 아울러야만 유진오의 시세계는 비로소 진면목이 드러나게 된다. 그에 앞서 연구자들에게 궁금증을 안겨준 유진오의 생을 재구할 필요가 있다.

Ⅱ. 전기적 생애

유진오의 일생은 정확히 알려지지 않았다. 그가 해방 후에 활약한 시인인 점을 감안하노라면, 생애조차 복원하기 힘든 점은 선뜻 이해하기 힘들다. 그만치 이땅에서 자행된 이데올로기의 폐해는 자심했다. 그는 1922년 기계 유씨 부정공파의 세거지인 전북 완주군 고산면 오산리 동봉마을에서 아버지 유치준(俞致俊, 자 致九)과 어머니 남원 양(梁)씨 사이의 4형제(鎭尙, 鎭容[3], 鎭明, 鎭五) 중 막내로 태어났다. 동봉마을은 유진오의 할아버지 유충환(俞忠煥)이 기거한 곳이며, 지금도 후손들이 고산에 살고 있다. 유진오의 집안은 자식들의 교육을 위해 서울에도 살림집을 장만할 정도로 넉넉하였다고 한다.[4] 그 덕분에 유진오는 일찍부

3. 유진오의 둘째형 유진용은 주일영사로 재직하다가(『경향신문』, 1955. 11. 22), 1959년 7월 면직되었다.(『동아일보』, 1959. 7. 3)

4. 유진오의 장형 유진상의 장자로 세무주사를 지낸 홍준(洪濬, 1925년생, 사망)의 차남 화식(華植, 1963년생, 고산 남봉마을 거주)의 증언에 의하면, 선대는 대대로 고산에서 부자

터 상경하여 학업을 계속할 수 있었다.

1936년 서울 사립중동학교에 입학한 유진오는 1941년 3월 제35회로 졸업하였다. 훗날 시적 도반이자 운동권 동지였던 김상훈과 같이 도서반에서 활동했다. 필자가 확인한 중동학교의 학적부에 기재된 주소는 '경성부 연건정 122번지'이며, 동교의 졸업생 명부에는 '작고하심'으로 기재되어 있었다. 이 점을 두고 혹자는 그가 서울 출생이라고 주장하고 있다.[5]

유진오는 해방 이전부터 시를 썼던 것으로 추측된다. 그의 시집에 수록된 작품들과 발표지면이 확인된 작품들을 견주어 보면, 해방기에 보여준 그의 행로와 작품과의 괴리현상은 너무나 뚜렷하여 창작 시기를 앞당기게 만든다. 유진오는 공식적으로 1945년 11월 중동중학교 시절의 급우였던 김상훈이 발행과 편집을 맡은 『民衆朝鮮』에 『피리ㅅ소리』를 발표하면서 시단에 등장했다. 그는 이 잡지를 중심으로 김상훈, 상민, 박문원 등과 교유하면서 작품합평회 성격의 '월요회'를 만들어 정치적 신념과 문학적 소양을 단련시켰다.[6] 12월에는 김복진의 처 허하백의 집에서 열린 김태준 귀국 환영회에 김상훈, 상민, 염윤구 등과 함께 참가하였다. 이것으로 미루건대, 유진오는 해방공간에서 정국의 추이와 문단의 움직임에 기민하게 대응하고 있었던 것으로 보인다.

위에서 어울린 사람들과의 인연으로 유진오는 1946년에 접어들어 각종 집회에서 시낭독을 요청받기 시작하였다. 2월 25일 조선문학가동맹에서 주최한 학병 추모행사에서 시 「눈 감으라 고요히」를 낭독하

로 살았다고 한다.

5. 박종은, 「유진오시연구」, 경기대대학원 석사논문, 1991, 10쪽.

6. 이구영 · 윤영천 대담, 「해방기 진보적 문인들의 행적」, 『민족문학사연구』 제9호, 민족문학사연구소, 1996, 312쪽.

고 동맹에 가입한 그는 7월 1일에는 조선문학가동맹에서 주최한 수해 구제문예강연회에서 시 「장마」를 낭독하여 청중들의 호응을 이끌어냈다. 8월 29일에는 조선문학가동맹에서 주최한 8 · 29 국치 기념 문예 강연회에서 시 「三八 以南」을 낭독하였고, 9월 1일에는 민주주의민족전선이 동대문운동장에서 주최한 국제청년데이 기념대회에 참석하여 시 「누구를 위한 벅차는 우리의 젊음이냐?」를 낭독하였다고 미군정 포고령위반죄로 구속되었다. 그는 1년 징역형을 선고받고 청주교도소에서 복역하던 중, 옥중의 4 · 25투쟁 과정을 보고한 산문 「싸우는 監獄」 등을 남겼다. 그의 옥중수고는 이주하, 김삼룡, 전사옥 등의 수감자들이 옥중투쟁을 벌이는 광경을 기록한 것이다. 유진오는 청주교도소에서 복역 중 형기보다 3개월 앞서 '돌연' 출옥하였다.[7]

해방 후 유진오가 최초의 필화사건으로 구속되었을 때, 좌익문학 진영에서 보여준 반응은 그의 시적 재능이 얼마나 유효했었는지를 반증해준다. 그의 구속은 민족문학운동전선에 복무하는 조직원들의 행동을 위축시키기에 충분했고, 그것은 전선의 악화와 조직의 동요로 이어질 수 있었다. 더욱이 군중집회를 통해 전선의 확대를 시도했던 좌익문학 진영의 입장에서는 유진오의 구속을 계기로 점차 가속화될 투쟁 환경의 불안과 전선의 붕괴 조짐을 조기에 차단할 필요성이 제기되었던 것이다. 당대의 일급 이론가였던 임화는 1946년 9월 그가 구속된 뒤 아내 지하련과 월북하면서 「桂冠詩人」이라는 헌시를 남겼다. 그의 시적 동료인 김광현은 시 「쇠고리 채워진 俞鎭五」[8]를, 김상민은 「鎭

7. 『경향신문』, 1947. 5. 29

8. 『민주주의』, 1946. 11.

五야」[9]라는 시작품을 통해 그의 투옥을 비판하였다. 또 오장환은 1947년 2월 민주주의 민족전선이 주최한 문화옹호 남조선문화예술가 총궐기대회에서 「詩人의 迫害」[10]라는 제목으로 유진오의 구속 사건을 문제화함으로써, 당국에 의한 구속조치의 부당성을 호소하였다. 물론 이러한 문건들은 민족문학운동전선의 대오가 괴멸되어 가는데 대한 항의 표시였지만, 해방기 신진 시인으로서 그가 갖는 위상을 드러내 준 것이기도 했다.

출옥 후의 유진오는 정치적 신념을 실천하기 위해 1947년 7월 남로당 산하의 조선문화단체총연맹이 조직한 문화공작대 1대에 소속되어 경남지방을 순회하였다. 당시 공작대는 대장 유현, 부대장 문예봉과 오장환으로 구성되었고, 유진오는 기록 및 연락을 담당했다.[11] 50여명으로 구성된 공작대의 프로그램에는 유진오의 시낭독이 편성되어 있으나, 그가 무슨 시를 낭독했는지는 밝혀지지 않았다. 그런 탓에 알려지지 않은 새 작품인지, 기왕의 발표작인지 알 길이 없다.

유진오가 생전에 펴냈던 유일한 시집은 1948년 1월 15일 정음사에서 펴낸 『窓』이다. 박문원이 장정한 하드커버 92쪽으로 된 시집의 정가는 120원으로 매겨졌다. 이 시집은 그가 「跋」에서 밝힌 대로 '해방 전의 것 몇 편과 해방 후로는 1945년 9월로부터 1946년 6월까지의 시와 그리곤, 1947년 9, 10월의 시를 篇篇히 섞어서 끼어 놓'은 것이다. 그는 '부득이한 사정' 때문에, 이 시집에 '당연히 들어 있어야 할 시편'과 '들지 않으면 아니 될 시편'들을 누락시킬 수밖에 없었다고 이 글에서 밝히고

9. 김상민, 『옥문이 열리던 날』, 신학사, 1948, 107-111쪽.

10. 이 연설문은 『문학평론』(1946. 4)에 발표된 것이다.

11. 김학동 편, 『오장환전집』, 국학자료원, 2015, 630쪽.

있다. 시집의 「序」를 부탁받은 조운은 반드시 "날후에 이런 이야기를 주고받을 때가 있을 것"[12]이라고 기대했지만, 그의 월북과 분단의 고착화로 인해 지킬 수 없는 기약으로 그쳤다.

유진오는 이 시집을 발간하기에 앞서 '1946년 6월로부터 1947년 9월까지의 시와 옥중시, 그 외의 작품을 수록하여 발간하'려고 했으나, 후원자였던 오장환의 월북과 자신의 사정으로 인해 수포로 돌아갔다. 그러므로 그가 남긴 작품은 『窓』에 수록된 것 말고도 여럿이었을 것으로 짐작된다. 그러나 시국의 변화와 그의 졸서로 말미암아 유작들은 수습되지 못했다. 그의 유족들이 간직했을 가능성도 상정할 수 있으나, 유족을 찾지 못하는 실정이라서 이마저 난망하다.

1948년 9월 유진오는 서울 혜화국민학교에서 교사로 근무하던 김금남(金今男)과 결혼하였다. 둘 사이에 딸(俞香濬)이 태어났으며, 모녀가 북한에 거주한다는 설이 제기되기도 했다. 혼례를 올린 후에 부부가 고산에 내려와 인사한 것까지는 확인되지만, 족보에는 처자식이 등재되지 않았다. 이 점은 유진오의 전력으로 인해 피해를 입을 것을 염려한 유족들이 전란 후에 살아남으려고 고의적으로 등재하지 않았을 공산이 크다. 그것은 남은 형제들이 각자 흩어진 채 형제간의 가승조차 제대로 정리하지 않은 상태로 방치한 것에서 추정 가능하다. 따라서 유자녀의 존재 여부와 월북 문제는 훗날을 기약할 수밖에 없을 듯하다.

유진오는 1949년 2월 지리산문화공작대장으로 지령을 받고 입산하여 '산사람'이 되었다. 공작대는 남로당 문화부장 김태준을 대장으로 삼아 이용환, 박우룡, 이원장으로 이루어진 일행과 유진오를 대장으로 하여 유호진, 홍순학으로 구성된 일행이 있었다. 유진오가 문화일꾼으

12. 조운, 「서」, 유진오 시집 『창』, 정음사, 1948, 6쪽.

로 파견되어 할 수 있는 일이란 민족해방전선에서 이름없이 죽어가는 전사들의 진혼가를 쓰는 일 외에 없었다.[13] 8 · 15 직후 "무장투쟁의 한 전형을 이룬 시인"[14]으로 평가되는 그였지만, 생사가 넘나드는 전투 현장을 주도하는 조직 아래서 문화공작활동은 특별한 성과를 거둘 수 없었다.[15] 그는 조직의 소환령에 의해 하산하던 중에 전북 남원에서 민보단에 체포되어 서울로 압송되었고, 9월 군법회의에 회부되어 사형선고를 받았다.[16] 같은 해 11월 가족과 현민 유진오 등 친지들이 탄원하여 무기형으로 감형되었다.

그러나 유진오는 1950년 3월 전주형무소로 이감된 뒤, 한국전쟁이 발발하자 비극적 최후를 맞고 말았다. 그의 운명에 관해서는 설이 분분하다. 그 중에서 신빙성 있는 자료는 북한군을 따라서 전주에 내려왔다가 전황을 보고한 북측 종군작가들의 보고이다. 이 자료를 최초로 인용한 신경득은 「패주하는 미제와 리승만 잔당 조선 인민을 계속 대량 학살」(『민주조선』, 1950. 8. 21)에 기초하여 1950년 6월 27일 밤부터 이튿

---

13. 유진오는 이 때 전사한 유격대원을 추모하는 「싸우다 쓰러진 勇士」라는 시작품을 썼다고 하는데, 원문은 찾을 수 없다.(정영진, 「육탄시인 유진오의 항쟁문학」, 『문학사의 길찾기』, 국학자료원, 1993, 187쪽)

14. 임헌영, 「해방 이후 무장투쟁에 대한 문학적 형상화」, 이우용 편, 『해방공간의 문학 연구 · Ⅱ』, 태학사, 1990, 384쪽.

15. 김남식, 「1948-50년 남한내 빨치산 활동의 양상과 성격」, 최장집 외, 『해방전후사의 인식 · 4』, 한길사, 1989, 240-241쪽.

16. 이 재판(재판장 원용덕)에서 유진오는 재판관의 심문에 남로당과 관계를 부인하였으며, 입산 동기를 묻자 "문학 수업중인 몸으로 창작 재료를 얻을 욕심"과 "가지 않을 수 없었다. 사기 앙양이라든가 정서적 고취보다 지령을 피할 수 없었다."고 답했다. 당시 검찰측의 취조문에 의하면, 그는 수감 중에 「다시 만납시다」라는 시작품을 썼다고 하는데 원문은 찾을 수 없다. 재판장이 사형을 언도하자 그의 얼굴은 "화끈 붉어져 있었다"고 하며, 최후 진술에서 "양심적인 문화인으로 살고 싶"다고 말했다.(『경향신문』, 1949. 9. 30)

날 새벽까지 전주교도소에서 벌어진 유혈 참극 때 유진오가 죽었다고 주장하였다. 당시 교도소 측에서는 미군의 입회 하에 3년 이상의 형을 언도받은 수감자들을 처형했는데, 이때 희생된 "대다수의 애국투사들은 려수 · 순천 인민항쟁 관계자들이었으며 젊은 애국시인 유진오 씨도 여기에 포함되어 있"[17]었다는 것이다. 그러나 이조차 명확히 규명되지 않은 설인 까닭에, 지금도 그의 최후에 대해서는 정리되지 않은 실정이다. 이런 사태는 분단시대가 낳은 비극으로 설명할 수밖에 없다.

Ⅲ. 사상성과 서정성의 육화

1. 정치적 신념의 시적 실천

해방 직후에 유행한 행사시와 낭독시는 수시로 개최되는 정치 집회에서 청중들을 효율적으로 결집시킬 수 있다는 장점 때문에, 주최측에 의해 면밀히 기획되었다.[18] 유진오는 뛰어난 시낭독 기능을 바탕으로 해방기 민족문학 건설의 전위로 활약하였다. 그는 오장환의 추천으로 공청에 가입하면서부터 여러 행사에 불려 다니면서 시를 낭독하였다. 그는 "일본의 식민지 정책이 최고의 조건으로 우리의 문화를 말살하려

---

17. 신경득, 『조선 종군실화로 본 민간인 학살』, 살림터, 2002, 166쪽.

18. 김광균의 다음과 같은 비판은 그 같은 사실을 반증해준다.

"8 · 15 이후 정치성을 띤 행사시나 혹은 비상사건이 있을 적마다 거의 시인들이 이를 취재하여 시를 썼다. 학병사건에 일제히 붓을 들었고, 3 · 1기념시집을 냈고, 6월 10일 청년데이, 미국 독립기념일… 또 무엇 무엇에 시필을 잡았다. 이번에는 무슨 행사가 있으니 시를 써달라는 주문도 왔고, 이번 행사에 시를 안 쓰는 것은 무슨 일이냐는 질책이 있는가 하면……."(김광균, 「문학의 위기: 시를 중심으로」, 『신천지』, 1946. 12)

한 그때에 불운한 성년기를 맞은 청년"[19]이었기 때문에, 의식이나 정서적인 측면에서도 강제적이거나 자발적인 굴절을 겪지 않은 순결한 감수성을 소유하고 있었다. 또한 해방 이전에 시작활동을 하지 않았던 그는 선배시인들에게 원죄처럼 따라다녔던 친일의 채무로부터 자유로울 수 있었다. 이것이 혼돈과 모색의 해방기에 그를 필요로 했던 역사적 조건이었으며, 도덕적 염결성을 우위로 내세웠던 좌익문학 진영의 대타의식의 발로 형태였다. 아울러 유진오의 개인적인 입장에서는 '인민의 한 사람으로서의 자각이며 출발점'이었고, '낡은 사념과 쑥스런 즐거움을 깎아서 파묻'어서 '부끄러움을 씻는 길'이었다.

유진오가 좌익문학 진영의 군중집회에 참가하여 시를 발표한 것은 「눈 감으라 고요히」를 비롯하여 「장마」, 「三八 以南」, 「누구를 위한 벅차는 젊음이냐」 등 4편이며, 모두 그의 체험과 직접 관련된 작품들이다. 그의 시 가운데 「눈 감으라 고요히」는 1946년 2월 25일 조선문학가동맹에서 주최한 학병 추모행사에서 낭독한 작품으로, 『學兵』의 '학병 추모 특집'에 김태준, 김기림, 임화, 김동석 등 당대를 대표하는 문인들의 작품과 함께 수록되었다. 이 작품의 모태는 해방 전에 학병으로 끌려갔던 경험과 해방 후 학병 동맹에 가입하여 선봉적으로 활동했던 체험이다. 그의 시에 함의된 선동성이 낭독 현장의 기대감을 고조시킬 수 있었던 요인에는 그처럼 체험이 개재되어 있다.

「장마」는 같은 해 7월 1일 조선문학가동맹에서 주최한 수해 구제 문예 강연회에서 낭독한 작품이다. 그는 이 작품에서 장마라는 자연적 차원의 제재를 정치적 차원으로 접근하여, 장마로 인해 궁핍해진 민중들의 '비에 젖은 주먹밥'과 그러한 현실적 조건과는 괴리된 지배계급의 비민

---

19. 오장환, 「발」, 『전위시인집』, 노농사, 1946, 71쪽.

중적인 '주인의 수라상'을 대비시켰다. 이러한 극단적인 대비는 선동적인 시는 "혁명적이"고 "적대자의 모든 약점을 이용한다"[20]는 점에서, 시의 대상성을 면밀하게 고려하여 청중들과의 동지적 연대의식을 자극한 것이다. 그는 이러한 연대가 '폭풍우 같은 우리의 아우성'으로 나타나서 마침내 수해를 안겨준 '장마'를 몰아내고, 민중의 세상을 열게 될 '새로운 장마'를 준비하는 계기가 되기를 기대하고 있다.

「三八 以南」은 조선문학가동맹에서 주최한 '8 · 29 국치 기념 문예강연회'에서 낭독한 작품이다. 이날의 분위기는 "시구가 나올 적마다 박수 소리, 아우성 소리, '옳소', '그렇소', 마루를 구르는 소리, 의자를 치는 소리에 시낭독은 가끔 중단"[21]될 정도로 열광적이었다. 그는 이 작품에서 "너는 역시 보스요/나는 역시 종이다"나 "밀가루는 밀가루/빵은 되어도 밥은 아니다"라는 단정적 어투를 활용하여 적과 동지를 뚜렷하게 구분하면서 선동적 효과를 노리고 있다. 아무리 "씰개를 뒤집어놓고 생각하여도" 남한은 "흐물거리는 人肉市場"이고, 북한은 "옳은 마음 그리는 人民의 나라"여서 "사람들은 北으로 北으로 쏠"린다는 것이다. 물론 주최측의 정치 성향을 고려하더라도 38선을 경계로 전개되었던 정치 판세를 일방적으로 호도하는 것이 사실이다. 또 「장마」의 '王宮'과 함께 '人肉市場'이라는 알레고리를 통해 정치적 현실의 형상화를 시도했지만, 도리어 "현실적인 의미들을 단순화시킨 이분법적 사고를 경직되게 드러내고 있을 뿐"[22]이다.

---

20. C. Bredhauer, 「무엇을 위한 선동 텍스트인가」, 신상전 · A. J. Weckbecker 편, 『독일의 정치시』, 제3문학사, 1990, 73쪽.
21. 김광균, 앞의 글.
22. 신범순, 「해방공간의 진보적 시운동에 대하여」, 김승환 · 신범순 편, 『해방공간의 문학: 시 1』, 돌베개, 1988, 385쪽.

유진오의 문제작「누구를 위한 벅차는 우리의 젊음이냐?」는 "일제 강점의 짓밟힘에서 벗어나 해방을 맞은 민족에게 다시 찾아온 시련에 대한 항쟁을 노래한 시"[23]이다. 그는 이 시편을 1946년 9월 1일 민주주의민족전선이 주최한 '국제청년데이 기념대회'에서 낭독하였다. 그는 이 작품에서 국제청년데이를 맞아 "머얼리 바다 건너 저쪽에서"도 "파도처럼 울려"오는 "피끌는 젊은이의/씩씩한 行進과 부르짖음"을 제시하면서 연대의식을 강조하고 있다.

누구를 위한
벅차는 우리의 젊음이냐?

서룬 여덟해 전 나라와 같이
송두리채 팔리워 피눈물 어려
남의 땅을 헤매이다 맞어죽은 同族들은
팔리든 날을 그리고
맞어죽든 오늘 九月 초하루를
목매여 가슴을 치며 잊지 못한다

—「누구를 위한 벅차는 우리의 젊음이냐?」 부분

해방기의 정치적 혼란 상태를 유진오는 '서룬 여덟해 전 나라와 같'다고 인식한다. 그는 청중들에게 구한말 열강의 침략 위기에 직면했던 역사적 상황을 연상시켜 당대 상황의 긴박감을 고조시키고, 그들로 하여금 자신의 논리에 동조하도록 채근하고 있다. 자주 독립 국가

23. 한계전, 『한계전의 명시 읽기』, 문학동네, 2002, 288쪽.

의 건설을 위해 자신과 같은 "젊은이 갈 길은 단 한 길"이므로 "가난한 同族이 우는 곳에" 갈 것을 선동하고 있는 것이다. 이러한 선동 효과는 '우리의 젊음이냐?'와 같이 청중들의 동조를 유도하는 어법이 낭독상의 어조 변화와 복합적으로 작용하면서 시낭독의 분위기를 고조시키는데서 온다.

그처럼 유진오의 행사시에는 명령형, 청유형, 의문형 종결어미 등이 두루 발견된다. 이러한 시어 활용방식은 '우리'라는 집단적 화자를 선택한 시적 담론 방식에 힘입어 주최측의 의도대로 운집한 청중들을 한데 결집시키기에 충분했다. 유진오의 행사시들은 사회 현실에 대한 직접적인 표현과 날카로운 비판으로 청중들의 억눌린 정서를 자극하였다. 이들 행사시들은 문답법 등의 평이한 시적 장치들을 통해 충분한 선동 효과를 거두고 있다. 이러한 사실은 시의 선동성에 대한 그의 탄탄한 공부를 짐작하게 해준다. 시적 청자에 대한 면밀한 분석에 기초하여 쓰여진 작품의 구체적 세목들은 그의 탁월한 낭독 기술과 접합되어 청중들에게 동일시 효과를 안겨주었던 것이다.

그러나 이들 행사시들은 시의 효용성에 압도되어 이념적 이상을 구체적으로 형상화하지는 못했다. 유진오의 시작품들은 행사시의 특성상 주최측의 요구에 부응하여 단기간에 쓰였을 뿐만 아니라, 불과 4편에 지나지 않는 작품량 때문에 문학적 가치를 논의하기에는 불충분하다. 그런데도 불구하고 그 동안 소수의 행사시에 초점을 맞추었던 논의들이 마치 그의 시작품 전량을 분석하여 시세계를 온전히 규명한 것처럼 서술한 것은 바로잡아져야 할 것이다. 더욱이 유진오가 투옥 전후를 경계로 시적 변화를 도모한 점은 기존의 논의들이 지닌 결점들을 재고하도록 추동한다.

출옥 후의 유진오는 문학대중화 운동에도 여전히 참가하는 한편, 전통적 서정을 발견하고 그것의 시적 수용방식에 골몰하게 되었다. 감옥에 가기 전과 달리진 점이라면, 이전에 비해서 사상과 서정의 결합이 하나로 공고해져서 고도의 응축미를 획득하고 있다는 점이다. 명품「이대루 가자」는 문학의 대중화로 자주적 민족국가의 건설이라는 변혁운동에 복무하려고 헌신한 유진오의 의지를 헤아리기에 어렵지 않다. 이 작품에서 그는 '시다운 시는 금후의 과제'로 미루었던 '인민을 위한 전사'의 죽음을 각오한 시적 다짐을 보여준다.

죽엄인들 대수로우냐
이대루 가자
괴로움이면 차라리
뼈를 앗으라

사나운 바람 속에
눈물 어려 살아왔다
가야만 할 길이다
꽃잎처럼 떨어지자

하나 둘
헤일 수 없이
짓밟혀 간다
아까운 목숨들이
악착스리 짓밟힌다

사나운 발굽 밑에
꽃잎이 있다
번쩍이는 총칼 밑에
목숨이 있다

꽃같은 목숨이
땅 우에 떨어졌다
떨어진다

허수히 죽는 게 아니다
그냥 스러지는
꽃 같은 목숨이 아니다

땅 속에 흙 속에
다시 피리라
죽어도 떨어져도
꽃은 피고
꽃은 남는다

죽엄인들 대수로우냐
이대루 가자
괴로움이면 차라리
뼈를 앗으라

—「이대루 가자」 전문

이 작품은 "절망적 상황에 처해서도 자신의 의지를 굽히지 않는 살아있는 정신의 늠렬함을 보여준다는 점에서 항일민족전선에 투신했던 육사의 시세계를 연상시키기도"[24] 한다. 그에게 '인민의 계관시인'이라는 굴레를 씌워줬던 행사시들에 비해 이 작품의 시적 성취 수준이 우월한 것은 공허한 구호의 나열이 아니라, 자신에게 닥친 현실을 정면으로 돌파하려는 정치적 신념이 시적 형식과 육화되었다는 데 있다. 또 행사시에서 우선적으로 고려되어야 했던 청중들의 수용 양상에 대한 부담에서 벗어날 수 있었던 것도 이 작품이 종래의 작품보다 우수한 성취 수준을 확보하도록 기여하였다. 특히 '사나운 발굽 밑에' 있는 '꽃잎'과 '번쩍이는 총칼 밑에' 있는 '목숨'을 동일한 대상으로 비유함으로써, 청자로 하여금 결사적인 항쟁 의지를 단련하게 해준다. 이런 점에서 그에게 시의 선동성이란 "결코 서정성 또는 예술성과 분리된 차원의 것"[25]이 아니었다. 이 시기의 유진오는 '죽어도 떨어져도/꽃은 피고/꽃은 남는다'는 깨달음을 얻을 정도로, 민족 해방을 위한 투쟁 의지가 성숙하게 내면화된 것이다. 그런 측면에서 이 작품은 "한 편의 시작품으로서의 보편성과 상징성과 진실성이 감동적으로 결합"[26]되어 해방기의 혼란한 시단에서 일정한 성취를 이루었다고 할 수 있다.

2. 서정적 내면의식의 표현

24. 이승원, 앞의 책, 88쪽.
25. 오현주, 「8 · 15 직후 문학운동과 시문학의 전개 양상」, 『해방기의 시문학』, 열사람, 1988, 349쪽.
26. 이승원, 앞의 책, 90쪽.

유진오의 시편에서 대다수는 서정적 경향을 띠고 있다. 그가 해방되던 해 11월『民衆朝鮮』에 발표한 최초작은 폴 발레리의「발자최」라는 역시와 아래에 인용한「피리ㅅ소리」이다. 이처럼 그의 시적 출발점은 서정시에 있었다. 이 사실은 유진오의 시적 근원이 서정성에 뿌리박고 있는 줄 내외에 공언한다. 그의 정치시 몇 편에 함몰된 나머지 세칭 운동권 시인으로 규정할 일은 아닌 셈이다.

어둡고 거칠은 이 뜰 안에
불현듯 들려오는 피릿소리
맑은 소리 한없는 향수의 멜로디—

그윽한 신비
꿈속같이 아늑—한 품안에서
흘러나오는 피릿소린가
「운명」처럼 슬픈 곡조는
역사의 골짜구니에서
머나먼 길을 흘러 흘러오는구나

—「피리ㅅ소리」 부분

그는 이 작품에서 어두운 뜰 안에 불현듯 들려오는 피릿소리를 '한없는 향수의 멜로디'로 파악하고 있다. 그에게 향수는 고향을 그리워하는 소박한 감정이 아니라, '역사의 골짜구니에서/머나먼 길을 흘러 흘러오는' 소리를 듣는 것이다. 인간의 보편적인 이 정서는 첫 작품에서부터 개인적 차원을 뛰어넘어 역사적 문맥 안으로 편입되면서 예사롭지 않은 징후를 보인다. 그는 피릿소리를 들으며 역사의 기억을 생각해내고, 피리의 '운명처럼 슬픈 곡조'가 '움트는 이 뜰 안을 보슬비처럼 적시'게 될 것을 예언하고 있는 것이다. 그러므로 그가 이듬해부터 본격적으로 행사시를 쓰고, 천부적인 낭독 기능을 활용하여 각종 군중대회에 나섰던 것은 전적으로 '굶주림인 양한 슬픈 기억을 이밤엔 영영 몰아내'려는 시적 실천 행위에 다름아니었다.

유진오에게 옥중 체험은 정치적 신념을 내면화하고, 혈연관계를 재인식하는 계기가 되었다. 그러므로 출옥 후에 쓴 그의 시작품에서 정치적 신념보다는 개인적 정서가 상대적으로 빈번하게 검출되는 것은 예정된 수순이었다. 유진오의 시작품은 모두 체험에 근거한 것이지만, 행사시와 서정시편에서 형상화되는 방식은 각기 다르다. 그가 행사시에서 정치적 신념을 실천하기 위해 복무했던 민족문학운동전선의 이념을 효과적으로 전파하는데 치중했다면, 서정시편에서는 관념을 사상하고 개인적 정서를 전경화하느라 부심했다. 이와 같은 체험의 이원적 형상화 방식은 해방기의 다른 시인들에게서는 찾아보기 힘든 이례적인 현상이다. 그는 영어생활 동안 불구 상태의 모자관계를 원상으로 회복하게 되었고, 민족문학의 건설 현장으로부터 일정한 거리를 유지하면서 정치적 신념의 심화를 꾀할 수 있었다.

그 흔적을 검출할 수 있는 시가 「한없는 노래」이다. 유진오는 이 작품에서 정치적 신념을 작품 속에 내면화하여 '전형의 형상화'라는 리얼리즘 시의 성취 수준을 여실히 보여주었는데, 그것은 김기림의 충고를 받아들여 "淋漓한 감정이 그대로 肉色을 들추어 내놓기도" 하는 감상주의와 개념화의 경향성을 극복하고, 마침내 "적당한 리리시즘의 습도가 필요"[27]하다는 사실을 인식하게 된 결과이다.

망보러 나갔을 때의
어매는 千里眼이다
그리고
시골서 온 일가가
무어라고 무어라고
허튼 소리 지꺼렸을 때
어매는 훌륭히 解說을 했다

동네 여편네들이
주접을 떨 때
어매는 차근차근
타이르고 가르쳐서
모오두 동무가 된 것을
어매야 아무리 숨겨도
나는 알었다

—「한없는 노래」 부분

이 작품에 등장하는 어머니는 혁명 전선에 복무하는 아들의 영향으로 점차 각성되어 마침내 혁명 과업에 동참하게 된다는 점에서 막심 고리끼의 『어머니』와 비견할 만한 감동을 선사해준다. 아들과 혈연관계에 지나지 않는 어머니가 시의 진행 과정에 따라 역사적 전망을 공유하

27. 김기림, 「서」, 『전위시인집』, 노농사, 1946, 6쪽.

는 동지적 관계로 승화되고 있다. 유진오는 서정적 공간 안에서 개인적 정서와 집단적 욕망을 통합하고자 어머니라는 편재적인 대상을 등장시켜 시적 갈등을 드러내고 있다. 작품 속의 어머니는 자식의 운동 대열에 동참하여 진보적 신념을 획득하고 있지만, 동시에 "염려말고 가라고 보내놓고는/내 사라지는 뒷모습을/넋없이 바라보"면서 자식의 옥바라지에 눈물흘리는 보편적인 인물이다. 그것은 투옥된 아들로 하여금 인간의 보편적인 관계를 돌아보도록 주선하였다.

유진오의 시에 나타나는 어머니는 자식의 정치적 신념에 동조하면서도, 그 신념이 야기할 비극적 결말로 인해 괴로워한다. 또 자식은 이 사실을 알면서도 어머니의 가르침을 따르지 못하는 자신의 곤란한 입장 때문에 고통스럽다. 유진오는 자식을 걱정하며 '한없는 노래'를 부르는 어머니 앞에서 "말썽만 부리든 막냇놈"이었던 것이다. 「밤」에서도 어머니는 "아들을 위하여 婚談을 끄내시"는 분으로 아들이 속삭이는 "異端의 말에 차츰 차츰 끌려들어"가 "憤慨한 語調로 아들을 激勵하시"지만, 어김없이 "불연듯 婚談을 끄내시는" 분이다. 이 시편을 볼 양이면 유진오가 정치적 신념의 구체적 실천 현장에 복무하면서도, 내면에서는 모자간의 혈연관계 때문에 내적 갈등이 심각했던 줄 알게 된다. 그는 이 밖에도 「어머니」, 「鄕愁」 등의 작품에서 어머니를 그리워하는 자식의 소박한 마음을 표출하고 있다. 이로서 유진오는 감옥에서 어머니의 면회를 통해 운동하느라 소홀했던 천륜의 중요성을 깨닫고, 시적 전환을 모색할 수 있는 심리적 발판을 마련하게 되었다.

유진오의 시 「들菊花」는 개인적/집단적 관계 사이에서 고뇌하는 자연인의 표정이 잘 드러나 있다. 그는 이 작품에서 이전의 직정적이고 생경한 표현의 행사시와 달리, 자기절제에 바탕을 둔 섬세한 서정을 형상화하려고 힘썼다. 그의 노력에 힘입어 들국화는 사상성을 담지한 개인적 상징물로 개화될 수 있다. 옥살이가 그의 시에 남아 있던 잉여 감정들을 제거하고, 그 자리에 단단한 사상이 옹이로 박히도록 조장한 셈이다.

네가 꽃과 나를 좋아하듯이
나는 너와 또 무수한 너와
꽃과 自由와
정말로 自由로운 自由
꽃보다도 귀한 목숨들
내 일과 내 젊음을 사랑한다.

꽃과 너와 自由와
일과 너와 젊음……

꽃은 향기롭다
그러나 꽃은 시드는 것이다
일은 좋은 것이다
그러나 부즈런해야 한다

너는 알었다 했다
그렇지만 정말로 알기까지엔
우리는 괴로움을 먼저 알어야 한다

들菊花
하아얀 어여쁜 송이엔
이슬이 맺혔드라

네 눈에도 그렇게
몇번이고 이슬이 맺혀야 할 것이다
하아얀 들菊花송이처럼

—「들菊花」 부분

이 작품의 화자는 자신의 처지 때문에 사랑하는 일이 괴롭다. 변혁운동에 복무하는 자신의 불안한 삶 때문에 들국화에 맺힌 이슬처럼 '네 눈에도 그렇게 몇 번이고 이슬이 맺혀야 할 것'을 예상하기 때문에 선뜻 사랑할 수 없다. 자신의 청춘을 담보로 조국 해방운동에 참가하여 '정말로 自由로운 自由'를 쟁취하려는 전사로서, 그는 '너'와 '무수한 '너' 사이에서 갈등한다. '꽃과 나를 좋아하'는 '너'와의 사랑이 개인적 차원의 애정이라면, 불특정다수인 '무수한 너'와의 사랑은 민중과의 연대를 담보하는 집단적 차원의 애정이다. 그는 '무수한 너'를 사랑하는 나의 처지를 사랑하는 '너'에게 납득시키지 못한 채, '너'와의 사랑이 '무수한 너'와의 사랑에 밀려나게 되는 안타까운 상황을 괴로워하고 있다. 그는 운동전선의 불확실성으로 인해, 사랑하는 사람이 슬퍼하게 될 것을 염려하는 것이다. 이처럼 유진오의 시작품에 나타나는 사랑은 "보채며 설레이며 잠들어 누운 자리/쪽지 한 장 써놓고/살랏이 다녀간 이"를 "눈이 멀도록 기두리"(「눈이 멀도록」)는 전래적인 모습으로 나타난다.

농촌 출신이었던 유진오는 "장마가 스쳐간 논이랑에 다시는 다시는 슲음이 없"(「江마을」)기를 바라면서, 하늘과 별이 따로 노는 밤이면 "소금먹은 듯 저려오는"(「鄕愁」) 사모곡을 부르며 유년시절을 회상하기도 했다. 그의 애틋한 시적 감수성이 전통적인 서정으로 형상화된 작품으로 「順이」를 꼽을 수 있다. 이 작품은 한국적 정서의 한 자락을 섬세하게 포착하여 정한의 세계에 맥락이 닿아있는 가작이다. 가히 해방기 최고의 서정시라고 불러도 손색이 없는 작품이다.

그리움이여—
千里길을 내달었도다

얼굴도 말소리도 모르는
이따금 날러드는 平凡한 葉書조각에
흘리운 듯 팔리운 듯 그리웠든 이

꿈결같은 이야기……
지난날 허고 많은 주림과 슬픔
목마른 바램의 끝없는 새암 줄기

이제는 새 새악씨 얌전한 안악
도란도란 이야기는 웃음에 차서……

머얼리 바라만 보듯 듣기만 하고
눈섭 하나 까딱이지 못한 채
사뿐히 놓여지지 안는 발길은
千里길을 되가야 하나니

배운 건 한 가지나
잃은 건 열 가지나 되는 듯
절름거리는 마음 무척 서글퍼

안타까움이여……
千里길은 아득하도다

—「順이」 전문

마치 백석의 「統營」이나 조지훈의 「悲戀」을 연상케 하는 이 작품은 그리워하는 여인을 '머얼리 바라만 보듯 듣기만 하고' 돌아서야 하는 안타까움을 노래하고 있다. 그리운 이를 찾아서 '千里길을 내달었'지만, 그이는 이미 '새 새악씨 얌전한 안악'이 되어 있어서 슬프다. 더군다나 '그리웠든 이'의 '도란도란 이야기는 웃음에 차서' 더욱 슬프다. 힘없이 돌아가는 화자의 '사뿐히 놓여지지 않는 발길'은 실연당한 자의 서글픔을 사실적으로 묘사하고 있다. 해방기의 수선스런 현실 속에서 사랑을 잃은 자의 뒷모습을 포착하여 '절름거리는 마음'을 표현한 시인은 찾아보기 어렵다. 목가시인 신석정조차 해방이라는 감격스런 상황을 맞자 시 「꽃덤풀」에서 "오는 봄엔 噴水처럼 쓰러지는 太陽을 안고/그 어늬 언덕 꽃덤풀에 아늑히 안겨보리라"(『신문학』 제2호, 1946)고 흥분하지 않았던가. 이와 같은 시사적 사례를 고려해 보면, 유진오의 서정적 감각이 더욱 도드라진다.

유진오는 서정과 정치적 이데올로기가 만나는 지점에서도 "마음에 파고드는 미움"조차 "차라리 살이 되고 뼈가 되라"(「버섯」)고 외칠 수 있었던 속깊은 성정을 가졌었다. 그는 "어두운 밤하늘에 불인 듯 짙어오는 그리움"(「무엇을 가르쳐야 옳으냐」)을 바라볼 수 있었기 때문에 "불빛조차 없는 방"에서도 "그리움이 한결 짙어가"(「눈이 멀도록」)는 줄 알았으며, 일어날 기력조차 없어도 "호올로 누워있는 이 밤을 환하게 채워주는 그런 사람"(「비오는 날」)을 기다릴 수 있었던 것이다. 그는 "그리운 사람이 있음으로 더 한층 쓸쓸해지는 가을밤"(「불길」)의 달에서 "차거운 아름다움"(「달」)을 발견할 줄 아는 예민한 서정의 소유자였다.

그러나 '도적처럼' 다가선 해방은 권력에의 의지를 앞세운 무리들에 의해 본질적 의미가 퇴색해가고, 기득권을 유지하기 위한 친일파들의 노골적인 책동 앞에서 걷잡을 수 없는 난국으로 변해갔다. 유진오는 '봄'으로 비유된 해방 정국의 "꽃가루 날리는 그 속엔 내가 찾는 이는 아무도 없"(「봄」)음을 깨닫고, 마침내 "거기 이름없는 풀잎이 되"(「나는야 거기 이름없는 풀잎이 되어」)고 말 것이라는 비극적 현실을 인식하게 된다. 더욱이 그와 함께 『前衛詩人集』을 발간했던 동료들이 모두 월북을 선택한 판국에, 그의 절망은 시적/비극적 최후를 예비할 수밖에 없었다. 그가 출감 후 발표한 「山」에서 "밀려가는 사람들 사이/이따금 얼굴 익은 동무들이/악수도 없이/눈만을 꿈벅이고 지내치는" 현실에 대해 "쌍, 가슴아픈 오늘날이다"고 분노한 것도, 이러한 정국의 판세 변화에 기인한 것이다. 유진오가 최후작에서 "숨결과 함께 넘어져 가는 조국과 함께" 자신이 "눈보라 속에 있"(「祖國과 함께」)다고 선언한 것은 그의 기대와 달리 전개되는 해방기의 정치적/문학적 움직임에 대해 비관하고 있었다는 사실을 증거한다.

일찍이 자신의 소시민적 관습이나 사유 방식을 '낡은 장옷'으로 표현하면서 자기갱신을 꾀했던 유진오는 해방기의 빼어난 서정시인이면서도 지금까지 한국의 현대시사에서는 논의선상에서 배제되었다. 그는 "맘놓고 길게 뽑아보는 한숨을 쉴"(「再生」)수 있기를 기대하고, 자신의 정치적 신념과 서정적 실천을 동시에 추구했던 '민주주의자'이자 서정시인이었다. 식민지 시절부터 확대재생산된 가난조차도 해방의 감격 앞에서는 "경치같기만 하다"(「雪花」)던 그는 조국이 최종적으로 분단의 이념을 선택하자 정갈한 서정을 미처 표현하지도 못하고 산화했다. 그의 『창』을 내놓으며 은근히 바라는 마음은 민주주의의 길에 인도할 수 있는 시도가 될 수 있다면 하는 마음'은 정국의 혼란 속에 유실되었고, 서정적 시작품들은 편향된 정치적 논리에 차단되어 논의조차 되지 못하였다. 유진오는 비록 '먼저 철저한 민주주의자가 되겠다'던 역사 앞에서의 다짐을 완성하지 못했지만, 날카로운 서정적 안목으로 해방기의 "싸늘한 이성 뒤에 숨은 거즛과 비겁"(「불길」)을 간파하고 있었다.

Ⅳ. 결론

유진오는 해방기의 혼돈과 무질서로 점철된 공간에서 정치적 신념을 실천하는 한편, 서정시인으로서의 자세를 잃지 않았던 양심적인 시인이었다. 그는 정치적 신념을 구현하기 위해 민족문학운동전선에 참여했으며, 이때 발표했던 소수의 행사시들로 인해 정치지향적 시인으로 고정되었다. 이 무렵 민족문학 운동에 복무했던 대부분의 시인들은 정치적 환경이 악화되자 망설이지 않고 월북하거나 전향을 택했으나, 그는 끝까지 자신의 신념을 훼절시키지 않고 비극적인 최후를 맞았다. 그의 시 「이대루 가자」는 '인민을 위한 전사'의 혁명의지가 서정성과 융

합되어 상징적 차원에 도달한 작품이다.

하지만 정치적인 소수의 시작품과 행동 성향 때문에 대다수의 조촐한 서정시편들이 조명받지 못할 이유는 없다. 더욱이 대부분의 시인들이 해방의 감격에 휩쓸려 서정시편을 쓰지 못하던 혼란한 상황 속에서도, 그는 감정의 절제에 입각한 전통적 서정을 섬세하게 형상화했다. 특히 그의 시 「順이」는 전래되는 비극적 서정을 예민한 시적 감수성으로 포착한 해방기 최고의 서정시이다. 직설적인 표현과 이분법적 사유방식을 감추지 않았던 행사시들에 비해, 그의 서정시편에는 해방기의 시대적 정서와 함께 한국적인 풍경들이 촘촘하게 재현되어 있다.

이와 같이 유진오는 정치적 신념의 실천 현장에서도 서정적 내면의식의 시적 형상화를 멈추지 않았던 해방기의 탁월한 서정시인이었다. 불과 몇 편의 행사시와 그에게 씌워졌던 '계관'의 무게에 눌린 채, 그의 빛나는 서정성이 연구자들의 경직된 신념에 의해 더 이상 자의적으로 재단되지 않기를 바란다. 그는 지금도 생전에 말했듯이 "마지막 가는 길에도 부를 노래를 가만 가만 불러"(「山」)가면서, 단지 "조국을 사랑한 까닭에"(「싸우는 監獄」) 분단된 조국의 시문학사에서조차 자신의 이름이 누락된 사실을 가리키며 "그러한 밤도 있었느니라"(「밤」)고 되뇌이고 있는지 모른다.

유진오 연보

1922. 기계 유씨 부정공파(杞溪 兪氏 副正公派)의 세거지인 전북 전주군 고산면 오산리에서 아버지 兪致俊(자: 致九)과 어머니 南原 梁씨의 4형제진상(鎭尙), 진용(鎭容, 초명 鎭亮), 진명(鎭明, 초명 鎭猛), 진오(鎭五) 중 막내로 태어남. 그는 족보에 '一九二二年 壬戌生 詩人 配'로 표기되어 있으며, 제적등본에는 등재되지 않음.

1936. 4. 서울 중동학교에 입학 후 시인 김상훈 등과 도서반원으로 활동하며 문학에 관심을 갖기 시작. 중동학교『졸업생명부』에 '작고하심'이라고 표기되었으며, 주소는 '경성부 연건정 122번지'로 기재됨.

1941. 3. 중동학교(제35회)를 졸업하고, 일본 와세다 대학, 메이지 대학, 문화학원 등에서 불문학 수학.

1945. 11.『民衆朝鮮』(발행인 겸 편집인: 김상훈)에 시「피리ㅅ소리」와 폴 발레리의 시「발자최」를 번역하여 발표. 이 무렵에 김상훈, 상민, 박산운, 박문원 등과 작품합평회 성격의 '월요회'에 참가. 시인 오장환의 추천으로 공청에 가입하고 '無軒'이란 호를 사용.

1945. 12. 김복진의 처 허하백의 집에서 열린 '김태준귀국환영회'에 김상훈, 상민, 염윤구 등과 함께 참가.

1946. 2. 25 조선문학가동맹 주최 학병 추모행사에서 시「눈 감으라

고요히」를 낭독하고, 동맹에 가입. 그의 학병에 대한 추모는 자신이 해방 전에 학병으로 끌려갔던 경험과 해방 후의 학병동맹 참가 체험에서 비롯된 것으로 보임.

1946. 7. 1 조선문학가동맹 주최 수해구제문예강연회(서울과학관)에서 시 「장마」 낭독.

1946. 8. 29 조선문학가동맹 주최 8·29 국치 기념 문예강연회(종로 YMCA)에서 시 「三八 以南」 낭독.

1946. 9. 1 민주주의민족전선이 주최한 국제청년데이 기념대회(동대문운동장)에서 시 「누구를 위한 벅차는 우리의 젊음이냐?」 낭독.

1946. 9. 3 위 시낭독 사건으로 '미군정 포고령 위반죄'로 구속되어 해방 후 첫 필화사건으로 기록됨.

1946. 9. 5 임화가 시 「桂冠詩人」을 써서 옥중의 유진오를 격려.

1946. 11. 김광현이 시 「쇠고리 채워진 兪鎭五」(『민주주의』)를 발표.

1946. 12. 미군정 재판에서 1년 징역형을 선고받고 청주교도소에서 복역.

1946. 12. 김상훈, 이병철, 박산운, 김광현과 함께 「前衛詩人集」(노농사) 발간.

1947. 2. 13 문화 옹호 남조선 문화예술가 총궐기 대회에서 오장환이 「詩人의 迫害」로 유진오의 구속을 성토.

1947. 5. 약 9개월간의 복역을 마치고 출감.

1947. 7. 남로당 산하의 조선문화단체총연맹이 조직한 문화공작대 제1대(대장 유현, 부대장 오장환, 문예봉)에 소속되어 이동규 등 20여명의 대원과 함께 경남 지방을 순회하며 시 낭독.

1948. 1. 15 시집 『窓』(정음사) 발간.

9. 서울 혜화국민학교 교사 김금남(金今男)과 결혼(항간에는 부부 간에 딸 俞香濬이 태어났고, 모녀가 북한에 거주한다는 설이 제기됨).

1949. 2. 23 지리산문화공작대장으로 지령을 받고 입산하여 김지회 일당과 3일 동안 같이 지냄. 이때 전사한 유격대원을 추모하는 시「싸우다 쓰러진 勇士」를 썼다고 하나 원문은 찾을 수 없음.

1949. 2. 28 소환령에 의해 하산하던 중 전북 남원에서 민보단에 체포되어 서울로 압송.

1949. 9. 30 군법회의(재판장 원용덕)에서 사형을 언도받음.

1949. 11. 7 가족 및 친지들의 탄원 덕분에 무기형으로 감형. 유진오의 감형 과정에는 관향과 항렬이 같은 소설가 유진오가 탄원서의 작성과 안재홍, 신익희 등의 서명을 얻어주는 등 도움을 줌.

1950. 3. 전주형무소로 이감.

1950. 6. 한국전쟁으로 인민군이 전주에 진입하기 직전에 긴급 처형된 것으로 추측.

작품 목록

『전위시인집』→『전위』
『조선시집』→『조선』

발표일자	작품명	장르	발표지	수록시집	비고
1945. 11.	「피리ㅅ소리」	시	『민중조선』		
〃	「발자최」(폴 발레리 작)	역시	〃		
1946. 3.	「눈 감으라 고요히」	시	『학병』	『전위』	
7. 1	「장마」	〃		〃	
8. 15	「횃불」	〃	『서울신문』	〃	
8. 29	「三八 以南」	〃		〃	
9. 1	「누구를 위한 벅차는 우리의 젊음이냐?」	〃		〃, 『조선』	
10.	「共靑員」	〃		『전위』	
12.	「江마을」	〃	『신천지』	〃	
1947. 4.	「十月」	〃	『문학』		陣吾
5.	「싸우는 監獄」	산문	〃		
6. 17	「싸우는 民戰 事務局長」	〃	『문화일보』		
6. 18	「獄中의 聖者 李觀述 先生」	〃	〃		
6. 19	「白髮의 鬪士 宋彦弼 先生」	〃	〃		
6. 20	「不屈의 鬪士 朴洛鍾 先生」	〃	〃		
6. 21	「熱火의 全駟玉 동무」	〃	〃		
6. 24	「偉大한 朝鮮人 李舟河 先生」	〃	〃		
6. 25	「당신의 일흠을 불으면」	〃	〃		
6. 27	「偉大한 勞動者 許成澤 동무」	〃	〃		
6. 29	「靑年 司令官 李赫基 동무」	〃	〃		
7. 1	「불타는 愛國心의 無名鬪士들」	〃	〃		
7. 13	「開幕 劈頭 感激의 바다」	〃	〃		
9.	「三月」	시	『신천지』		

1948. 1.	「窓」	시		〃	
	「한없는 노래」	〃		〃	
	「이대루 가자」	〃		〃	
	「버섯」	〃		〃	
	「들菊花」	〃		〃	
	「順이」	〃		〃	
	「무엇을 가르쳐야 옳으냐」	〃		〃	
	「눈이 멀도록」	〃		〃	
	「비오는 날」	〃		〃	
	「불길」	〃		〃	
	「소」	〃		〃	
	「밤」	〃		〃	
	「輓歌」	〃		〃	
	「나는야 거기 이름없는 풀잎이 되어」	〃		〃	
	「봄」	〃		〃	
	「再生」	〃		〃	
	「굵어온 가랑잎」	〃		〃	
	「雪花」	〃		〃	
	「肖像」	〃		〃	
	「어머니」	〃		〃	
	「달」	〃		〃	
4.	「山」	〃	『문학』		
4.	「H兄에게」	〃	『신천지』		
7.	「산 우에서」	〃	『무궁화』		鎭五
1949. 2. 2	「나의 詩「三月」」	해설	『조선중앙일보』		
2.	「鄕愁」	시	『신천지』		
3.	「祖國과 함께」	〃	『학풍』		

연구 목록

1. 기본 자료

유진오 외, 『전위시인집』, 노농사, 1946.

유진오, 『창』, 정음사, 1948.

2. 연구 자료

권영민, 「해방 직후의 시단」, 김은전 외, 『한국현대시사의 쟁점』, 시와 시학사, 1991.

권영민, 『한국현대문학사』, 민음사, 1995.

김광균, 「문학의 위기: 시를 중심으로」, 『신천지』, 1946. 12.

김기림, 「서」, 『전위시인집』, 노농사, 1946.

김남식, 「1948-50년 남한내 빨치산 활동의 양상과 성격」, 최장집 외, 『해방전후사의 인식 · 4』, 한길사, 1989.

김동석, 「인민의 시: 『전위시인집』을 읽고」, 『예술과 생활』, 박문출판사, 1947.

김용직, 「해방시단의 형성과 전개」, 『한국현대시연구』, 민음사, 1989.

김용직, 「해방기 한국시문학사」, 민음사, 1989.

김용직, 「유진오」, 『현대 경향시 해석/비판』, 느티나무, 1991.

김효신, 「실종시인 유진오의 시세계」, 『한국전통문화연구』 제13권, 대구카톨릭대 인문과학연구소, 1999.

노용무, 「유진오시연구」, 『어문론집』 제52권, 중앙어문학회, 2012.
신범순, 「해방공간의 진보적 시운동에 대하여」, 김승환 · 신범순 편, 『해방공간의 문학: 시 · 1』, 돌베개, 1988.
심지연, 『역사는 남북을 묻지 않는다』, 소나무, 2001.
박용찬, 『해방기 시의 현실인식과 논리』, 역락, 2004.
박종은, 「유진오시연구」, 경기대대학원 석사논문, 1992.
오성호, 「무기로서의 시」, 윤여탁 · 오성호 편, 『한국현대리얼리즘시인론』, 태학사, 1990.
오성호, 「해방 직후의 전위시인론」, 민족문학사연구소 편, 『민족문학사강좌 · 하』, 창작과비평사, 1995.
오장환, 「발」, 『전위시인집』, 노농사, 1946.
오장환, 「시인의 박해」, 『문학평론』, 1946. 4.
오현주, 「8 · 15 직후 문학운동과 시문학의 전개 양상」, 『해방기의 시문학』, 열사람, 1988.
유성호, 「유진오론」, 『한국 현대시의 형상과 논리』, 국학자료원, 1997.
이구영 · 윤영천 대담, 「해방기 진보적 문인들의 행적」, 『민족문학사연구』 제9호, 민족문학사연구소, 1996.
이기성, 「해방기 신진시인 연구」, 이화여대대학원 석사논문, 1991.
이승원, 「유진오 시의 행동성」, 『현대시와 현실인식』, 한신문화사, 1990.
이양숙, 「역사의 전위가 된 다섯 시인의 노래: 이병철 외 『전위시인집』(1946)」, 『한국근대문예비평의 논리』, 월인, 2007.
이　태, 『여순병란 · 하』, 청산, 1994.
임헌영, 「해방 이후 무장투쟁에 대한 문학적 형상화」, 이우용 편, 『해방공간의 문학 연구 · Ⅱ』, 태학사, 1990.

정영진, 「육탄시인 유진오의 비극」, 『통한의 실종 문인』, 문이당, 1989.
정영진, 「육탄시인 유진오의 항쟁문학」, 『문학사의 길찾기』, 국학자료원, 1993.
조벽암, 「전위시인집」, 『독립신보』, 1947. 1. 7
조　운, 「서」, 유진오 시집 『창』, 정음사, 1948.
최명표, 「유진오시연구」, 『국어문학』 제35집, 국어문학회, 2000.
최명표, 「'꽃'과 '자유'를 사랑한 시인의 초상」, 『문예연구』, 2002. 여름호.
최명표, 「'어머니'와 '순이'의 시적 갈림길」, 『문예연구』, 2004. 봄호.
최재복, 「유진오시연구」, 단국대대학원 석사논문, 2003.
한계전, 「누구를 위한 벅차는 우리의 젊음이냐」, 『한계전의 명시 읽기』, 문학동네, 2002.